Bernhard Ott

Wegbegleiter in Krisenzeiten

Druck und Bindung des vorliegenden Buches erfolgten in Deutschland

MIX
Papier aus verantwortungsvollen Quellen
FSC® C083411

NEUFELD VERLAG

Die Deutsche Bibliothek verzeichnet diese Publikation in der Deutschen Nationalbibliografie; detaillierte bibliografische Daten sind im Internet über www.d-nb.de abrufbar

Lektorat: Dr. Thomas Baumann
Umschlaggestaltung: spoon design, Olaf Johannson
Umschlagabbildungen: Christopher Moswitzer/Shutterstock.com; picture alliance/ANP
Satz: Neufeld Verlag
Herstellung: CPI – Clausen & Bosse, Leck

2. Auflage 2024

ISBN 978-3-86256-165-0, Bestell-Nummer 590 165

neufeld-verlag.de

Bleiben Sie auf dem Laufenden:
newsletter.neufeld-verlag.de
neufeld-verlag.de/**blog**
facebook.com/neufeldverlag
youtube.com/@neufeldverlag

Bernhard Ott

Wegbegleiter in Krisenzeiten

IMPULSE VON MARTIN BUBER

Hanspeter Jecker zum 65. Geburtstag

In dankbarer Erinnerung
an 40 Jahre Weggemeinschaft

INHALT

VORWORT VON TOBIAS FAIX

**„Ich habe keine Lehre.
Ich führe ein Gespräch.“**

Wenn ein theologischer Lehrer diesen Satz von Martin Buber nicht nur zitiert, sondern als Teil seines theologischen Lebens und Schaffens versteht, dann ist das mehr als ungewöhnlich: Gerade Theologinnen und Theologen neigen dazu, nicht nur ihre eigenen Lehren zu schaffen, sondern sich auch oftmals um die richtige Lehre heftig zu streiten. Und da sind wir auch schon beim Autor dieses kleinen, aber sehr feinen Buches, Bernhard Ott.

Und es ist wahr: Mit dem Schweizer Mennoniten ist es schwer, zu streiten, und das liegt – Buber wäre hier wohl wirklich stolz – tatsächlich daran, dass Bernhard Ott zu allen Gelegenheiten das Gespräch sucht; auch und gerade, um Streit zu meiden oder zu lösen.

Auch deshalb erinnere ich mich gerne an mein erstes Gespräch mit Bernhard Ott. Es war Anfang der 2000er-Jahre, ich hatte gerade meine Doktorarbeit geschrieben und war auf einen wichtigen und interessanten Theologen aus Südafrika gestoßen: David Bosch. Und über „drei Ecken" hatte ich erfahren, dass ein gewisser Bernhard Ott aus der Schweiz selbst über Bosch promoviert hat und ein guter Kenner seiner Theologie ist. Also machte ich mich auf ins schöne Liestal, um eben diesen Bernhard Ott zu treffen.

Und so kam es dann auch, ein freundlicher und ruhiger Schweizer öffnete sein Privatarchiv und Hunderte von gesammelten Artikeln kamen systematisiert, kommentiert und sortiert zum Vorschein. Ein Traum. Und doch ist mir etwas anderes im Gedächtnis geblieben, denn Bernhard Ott und ich führten bei einer guten Tasse Kaffee ein Gespräch. Ein Gespräch darüber, was eigentlich Theologie ist, was sie mit dem Leben zu tun hat, was der Sinn von theologischer Ausbildung ist. Unvergessen. Geblieben. Bis heute.

Jetzt habe ich das vorliegende Buch gelesen und muss fast 20 Jahre später feststellen, dass das kein Zufall war, sondern gewollt, Prinzip und Lebensstil. Ja, es war Absicht, dass sich, ohne dass ich es merkte, in einem Gespräch Horizonte für mein

Leben öffneten und sich meine Wahrnehmung der Welt und des Glaubens veränderte. Nicht durch Dogmen, Gebote oder gar Druck, nein, durch ein angenehmes Gespräch. Und dieses Gespräch durfte ich während der letzten Jahre in unterschiedlichen Konstellationen immer wieder fortführen. Ein echtes Geschenk.

Das Gespräch mit Martin Buber

Und solch ein Gespräch führt Bernhard Ott nun auch mit dem jüdischen Philosophen und Humanisten Martin Buber. Ein Gespräch über das Werden als Mensch, über das Leben in Beziehung und die Kunst, vom Glauben ergriffen zu werden. Bernhard Ott geht dabei in gleicher Weise systematisch wie auch respektvoll vorsichtig vor. Er sucht das Gespräch mit Buber und ich werde als Leser ganz langsam mit hineingenommen und lerne zuerst den Menschen Buber kennen; was ihn prägte und was er unter Leben und Glauben verstand. Und dann wird das Gespräch intensiver, denn es geht um das, was wir als Menschen sind, wie wir uns, andere und Gott erkennen und was unseren Charakter ausmacht und formt. Dabei stellt Ott immer wieder leise und kluge Fragen und lässt sie dann von Martin Buber in

Originalzitaten beantworten, um sie dann wieder zu reflektieren und zu kontextualisieren. Das ist gleichermaßen wohltuend leicht wie herausfordernd tief, denn man darf sich nicht täuschen lassen: Die leisen Fragen und die herausfordernden Dialoge ergreifen Stück für Stück Besitz von einem und Bernhard Ott nimmt einen ganz nach dem Buberschen Prinzip mit: Dialog statt Monolog. Hinweisen statt Anweisen. Öffnen statt Schließen.

Ein Buch als Gespräch

Und so wünsche ich den Leserinnen und Lesern, was mit mir beim Lesen des Buches geschehen ist: ein Hineingezogen-Werden in den Dialog zwischen Martin Buber und Bernhard Ott und ein Stück für Stück Ergriffen-Sein und Nachdenklich- und Hinterfragt-Werden, um herausgefordert und manchmal auch verärgert hochzuschauen und zu fragen, ob das sein könne. Denn über soviel hoffnungsvolles Gottvertrauen, das den Menschen Mut und Veränderung zuspricht und zutraut und so eine bessere Wirklichkeit für möglich hält, kann man nur staunen.

Es ist ein Lebensbuch, dass uns als Leserinnen und Lesern immer wieder den Spiegel vorhält und uns auffordert, hinzuschauen und die ganze Wirklichkeit zu sehen, um dann eben nicht beim Schrecken stehenzubleiben, sondern sich an die Hand Gottes zu begeben und sich auf einen Weg der Veränderung zu machen. Das ist so hoffnungs- und liebevoll, dass ich diesem Gesprächsbuch viele Leserinnen und Leser wünsche, denn man lernt mit Martin Buber einen Weisheitslehrer kennen, der viel vom Leben und von Gott verstanden hat. Und so ganz nebenbei lernt man viel über einen weiteren weisen Mann, der dieses Geschenk für uns ermöglicht hat. Danke, Bernhard Ott.

Tobias Faix, Sommer 2020

WEGBEGLEITER IN KRISENZEITEN
EIN PERSÖNLICHER EINSTIEG

Alles wirkliche Leben ist Begegnung.

Ich habe keine Lehre. Ich führe ein Gespräch.

Erziehung, die diesen Namen verdient,
ist wesentlich Charaktererziehung.

Gott wohnt, wo man ihn einlässt.

Der Mensch, der diese Weisheitsworte gesprochen hat, fasziniert mich seit Jahrzehnten. Erst in jüngster Zeit wurden mir allerdings die Tiefe und die Tragweite der Gedanken des jüdischen Religionsphilosophen, Theologen und Pädagogen Martin Buber in Zeiten großer Umbrüche bewusst.

Dieses Büchlein ist in Krisenzeiten entstanden. Texte von Martin Buber sind mir in Lebensphasen, die mich besonders herausgefordert haben, zu Wegbegleitern geworden.

Den Hauptteil des Buches habe ich während einer Krankheits- und Rekonvaleszenzzeit in den ersten Monaten des Jahres 2019 geschrieben. Das war aber lediglich die Ernte meiner intensiven Buber-Lektüre in den Jahren zuvor, insbesondere am Übergang von der formalen Berufstätigkeit in die „nachberufliche Lebensphase". Schließlich fiel die Schlussredaktion des Textes in die Zeit der akuten Covid-19-Krise im Frühjahr 2020. Viele Texte von Buber haben in dieser herausfordernden Situation noch einmal ganz neu Strahlkraft entfaltet.

Martin Buber war davon überzeugt, dass Krisenzeiten Chancen bieten für eine vertiefte Reflexion wesentlicher Lebensfragen. Krisenzeiten sind gewissermaßen „Lernorte" für Charakterbildung und Persönlichkeitsreifung.[1]

Martin Bubers tief im Geiste der hebräischen Bibel verwurzelter „hebräischer Humanismus", sein vielzitiertes „Dialogisches Prinzip",[2] seine „Reden über Erziehung",[3] aber auch Texte wie „Der Weg des Menschen"[4] oder „Elemente des Zwischenmenschlichen"[5] – um nur einige zu nennen – bieten Nahrung und Orientierung in entscheidenden Phasen des Lebens. Es geht in diesen Texten immer um die wesentlichen Fragen einer verantwortlichen Lebensgestaltung.

Man kann sich fragen: Was hat uns ein Jude, der von 1878 bis 1965 gelebt hat, zur Gestaltung unseres Lebens im 21. Jahrhundert zu sagen? Wenn man sich jedoch vergegenwärtigt, welche gewaltigen historischen und gesellschaftlichen Krisen und Veränderungen Buber durchlebt hat, kann man etwas von der Weisheit erahnen, der man in seinem Lebenswerk begegnet: Der Zusammenbruch der optimistischen Ideale des aufgeklärten Europa, die noch das 19. Jahrhundert geprägt hatten. Ausgelöst wurde diese europäische Ent-Täuschung nicht zuletzt durch zwei Weltkriege, durch das Emporkommen des Sowjet-Kommunismus und das Desaster des Nationalsozialismus. Und mitten drin die zionistische Bewegung, die Katastrophe des Holocaust, die Entstehung des Staates Israel und die nun schon mehr als 100 Jahre andauernde Krise des Zusammenlebens von Arabern, Juden und Christen im Nahen Osten. Was hat uns ein Jude zu sagen, der durch all diese historischen Stürme hindurch immer wieder gefragt hat, was Menschsein eigentlich bedeutet, wenn es in Verantwortung vor Gott in dieser Welt verwirklicht werden will?

Nach all dem, was ich von und über Martin Buber gelesen habe, lautet mein Fazit so: Das, was der Jude Martin Buber im Umfeld all der genannten Umbrüche und Krisen des 20. Jahrhunderts erfahren, reflektiert und formuliert hat, spricht mit großer Klarheit und Weisheit auch in unsere Situation im 21. Jahrhundert hinein. Wer als Christ oder ganz einfach als wach und verantwortlich in der Gesellschaft lebender Mensch an den brennenden Fragen nach dem Wesen des Menschseins, nach Beziehungen und Gemeinschaft, nach Freiheit und Charakterbildung interessiert ist, wird von Bubers Einsichten inspiriert werden.

Die Schätze, die ich in den vergangenen Jahren gehoben habe, sind in oft in meine Vorlesungen und Vorträge, Predigten und Publikationen eingeflossen. Manches findet sich auch in meinem Buch *Tänzer und Stolperer – Wenn die Bergpredigt unseren Charakter formt* (Cuxhaven: Neufeld, 2019). Immer wieder habe ich jedoch gedacht, dass es eigentlich ein kleines „Buber-Büchlein" brauchte, das Interessierten den Zugang zu seinem Denken und zu einigen seiner Texte in allgemeinverständlicher Sprache eröffnen würde. Das möchte ich in den folgenden Kapiteln versuchen. Ich tue das mit dem Wunsch, dass die Gedanken eines jüdischen Weisen noch viele dazu inspiriert, ganze Menschen zu werden, das heißt ihr Leben verantwortlich in Beziehung zum Schöpfer und zu den anderen Geschöpfen zu gestalten.

Noch ein Wort zu den Quellen und zur Sekundärliteratur für all diejenigen Leserinnen und Leser, die sich vertiefter mit Martin Buber fassen möchten. Neben den heute noch immer wieder neu aufgelegten Standardwerken von Buber sei insbesondere auf die deutsche *Martin Buber Werkausgabe*[6] verwiesen. Darüber hinaus sind unzählige Texte von Buber heute im Internet zugänglich.

Drei Biografien haben mir geholfen, Bubers Lebenswerk im zeitgeschichtlichen Kontext zu verorten: Hans Kohn, *Martin Buber. Sein Werk und seine Zeit* (Erstausgabe 1930, als Buber gut 50 Jahre alt war).[7] Grete Schaeder, *Martin Buber. Hebräischer Humanismus*, kurz nach seinem Tod 1966 veröffentlicht.[8] Und schließlich die monumentale Biografie von Dominique Bourel, *Martin Buber: Was es heißt, ein Mensch zu sein* (deutsche Übersetzung 2017).[9]

Birgit Venturs Dissertation *Martin Bubers pädagogisches Denken und Handeln*[10] und der von Martha Friedenthal-Haase und Rolf Koerrenz herausgegebene Konferenzband *Martin Buber: Bildung, Menschenbild und hebräischer Humanismus*[11] haben mir Bubers Bedeutung als Pädagoge erschlossen. Von Karl-Josef Kuschel ließ ich mich in die kritische Auseinandersetzung Bubers mit dem Christentum einführen.[12]

Zum Schluss dieser Hinführung noch eine kleine Leseanleitung: Ich will in diesem Büchlein nicht nur über Martin Buber schreiben, ich will ihn auch selber zu Wort kommen lassen. Es lohnt sich, diesen weisen Denker auch immer wieder im Originalton zu vernehmen. Ich lade Sie deshalb ein, die zitierten Passagen auch bewusst und langsam zu lesen, zu genießen und innerlich zu verdauen. Darüber hinaus mögen die Quellenangaben dazu ermutigen, sich den einen oder anderen Text von Buber aus dem Internet oder in einer Bibliothek zu holen und ganz zu lesen.

Nach einer kurzen Vorstellung von Martin Buber im nun folgenden Kapitel lade ich Sie ein, sich auf zehn Gespräche mit diesem jüdischen Denker einzulassen.

Liestal (Schweiz), im September 2020

1.

DARF ICH VORSTELLEN: BUBER! MARTIN BUBER[13]

Ich möchte die Leserinnen und Leser in diesem Büchlein mit einem besonderen jüdischen Weisen ins Gespräch bringen. Wenn ich sage „ins Gespräch bringen", dann folge ich seiner eigenen, oft zitierten Aussage[14]:

> „Ich muss es immer wieder sagen: ich habe keine Lehre. Ich zeige nur etwas. Ich zeige die Wirklichkeit, ich zeige etwas an der Wirklichkeit, was nicht oder zu wenig gesehen worden ist. Ich nehme ihn, der mir zuhört, an der Hand und führe ihn zum Fenster. Ich stoße das Fenster auf und zeige hinaus. Ich habe keine Lehre. Ich führe ein Gespräch."

Nun mag man zu Recht fragen, ob Buber in all seinen Schriften nicht doch auch lehrt, das heißt bewusst ein bestimmtes Menschen-, Welt- und Gottesbild vermittelt. Und dennoch weist das Zitat auf einen springenden Punkt seines „Lehrens“ hin: Er vermittelt nicht von oben herab Dogmen, er „trichtert“ uns nicht etwas ein (ein Bild, das er selber gebraucht), er verwickelt uns vielmehr in Überlegungen und Gespräche, die uns neue Horizonte für unser Leben, für die Wahrnehmung der Welt und für die Begegnung mit Gott eröffnen.

Der, der so spricht, hat zwei Weltkriege erlebt. Er hat die zionistische Bewegung miterlebt und die Rückkehr der Juden nach Palästina selber mitgestaltet. Er war in den geistlichen Bewegungen des osteuropäischen Judentums (dem Chassidismus) ebenso zu Hause wie in der modernen, westeuropäischen Bildung – immerhin studierte er in Wien, Leipzig, Zürich und Berlin die Fächer Nationalökonomie, Philosophie, Germanistik, Kunstgeschichte, Psychiatrie und Psychologie.

Auf dem Humus dieser Erfahrungen, Kenntnisse und Erkenntnisse ist ein Lebenswerk gewachsen, das bis heute Früchte trägt. Seine Einsichten in die Wirklichkeiten von Gott und Welt, von Individuum und Gemeinschaft sowie von Philosophie und Religion sind in vielen seiner Schriften dokumentiert, und unzählige Forscherinnen und Forscher beschäftigen sich bis heute mit seinem Lebenswerk.

Formal hat man ihn einen Religionsphilosophen genannt, aber er war viel mehr: Mystiker, Schriftsteller, Theologe, Übersetzer hebräischer Schriften, Dialogpartner von Philosophen, Theologen und Politikern – und nicht zuletzt Pädagoge.

Martin Buber wird 1878 in Wien geboren. Seine Eltern trennen sich bereits 1881 und der dreijährige Martin wächst bei seinen Großeltern in Lemberg in Galizien auf, dem heutigen Lwiw in der Ukraine. Sein Großvater Salomon Buber ist „nicht nur ein erfolgreicher und wohlhabender Geschäftsmann, Großgrundbesitzer und Banker",[15] er ist zu seiner Zeit auch ein bekannter Experte der jüdischen Bibelauslegung (Midrasch) und der jüdischen Frömmigkeitsbewegung des Chassidismus.

In diesem Milieu wächst Martin Buber in den jüdischen Glauben hinein und diese chassidische Frömmigkeit hat ihn später dazu bewogen, jahrelang an der Sammlung, Übersetzung und Deutung chassidischer Erzählungen zu arbeiten, und diese in einem umfangreichen Werk zu publizieren.[16] Auch wenn seine Beziehung zu dieser speziellen chassidischen Frömmigkeit nicht ungebrochen blieb, haben ihn diese geistlichen Kindheits- und Jugendwurzeln doch wohl zeitlebens spirituell geprägt.[17]

Dieser religiösen Prägung gewissermaßen gegenüber steht seine akademische Bildung, die er an verschiedenen europäischen Universitäten erworben hat. So ist er auch zu einem führenden jüdischen Denker geworden, bewandert in Aufklärungsdenken und in modernen Wissenschaften wie Philosophie und Sprache, Psychologie und Pädagogik.

Buber hat seine geistig-geistlichen Wurzeln später selber einmal so formuliert:[18]

> „Ich bin ein polnischer Jude, zwar aus einer Familie von Aufklärern, aber in der empfänglichen Zeit des Knabenalters hat eine chassidische Atmosphäre ihren Einfluss auf mich geübt."

Es ist darauf hingewiesen worden, dass bereits die Orte seines Schaffens den Horizont seines Denkens repräsentieren:[19]

> „Wien als Kulturmetropole im Übergang vom 19. zum 20. Jahrhundert, Lemberg in Galizien als wichtiger Ort des osteuropäischen Judentums und des Chassidismus, Frankfurt

> als Zentrum literarischer Produktion und schließlich Jerusalem, wo Buber die wichtigen Jahre der Emigration, des Holocaust und der Staatsgründung Israels erlebt."

Der folgende chronologische Lebenslauf gibt einen Überblick über sein Leben und Wirken:[20]

8. Februar 1878: Martin Buber wird in Wien geboren.

1881–1892: Nach der Trennung der Eltern wächst Buber in Lemberg im Haus seiner Großeltern auf. Dort besucht er das polnische Gymnasium und wird mit der jüdischen Frömmigkeitsbewegung des Chassidismus vertraut. 1892 siedelt sein Vater nach Lemberg über und Buber lebt wieder bei seinem Vater.

Im Herbst 1896 beginnt er an der Philosophischen Fakultät der Universität Wien das Studium in Philosophie, Kunstgeschichte und Literatur.

1897–1899 setzt er das Studium in Leipzig, Zürich und Berlin fort. Er kommt mit Theodor Herzl und der zionistischen Studentenbewegung in Kontakt und nimmt 1899 am dritten zionistischen Kongress in Basel teil. In Zürich lernt er in diesen Jahren seine spätere Frau Paula Winckler kennen.

1900–1904: Er wirkt weiter in der zionistischen Bewegung, distanziert sich allerdings zunehmend von Herzl. Er widmet sich intensiv dem Studium der Tradition des Judentums und schreibt seine Doktorarbeit.

Ab 1905 zieht er sich zurück und beschäftigt sich mit dem Chassidismus. Bis 1916 lebt er in Berlin, wo er mehrere Schriften zum Judentum schreibt und veröffentlicht. Ab 1913 beginnt das Thema „Dialog" in den Vordergrund zu rücken.

1916 zieht er nach Heppenheim an der Bergstraße um, von wo aus er bis 1938 seine Publikations- und Lehrtätigkeit wahrnimmt.

1919 beginnt er mit der Niederschrift von *Ich und Du*, einem späteren Hauptwerk.

1921 beginnt er eine Lehrtätigkeit in dem von Franz Rosenzweig geleiteten Freien Jüdischen Lehrhaus in Frankfurt, dessen Leitung er später übernimmt.

1923 wird *Ich und Du* veröffentlicht. Buber erhält einen Lehrauftrag, später eine Honorarprofessur für Religionsphilosophie an der Universität Frankfurt.

1925 beginnt er zusammen mit Franz Rosenzweig die Übersetzung der hebräischen Bibel. Im selben

Jahr hält Buber den Hauptvortrag an der dritten Internationalen Pädagogischen Konferenz in Heidelberg, veröffentlicht unter dem Titel „Über das Erzieherische".

1932 publiziert er die Schriften *Königtum Gottes* und *Zwiesprache.*

Im Januar 1933 übernehmen die Nationalsozialisten die Macht in Deutschland. Anlässlich der Bücherverbrennung vom 10. Mai 1933 werden auch Bücher von Buber verbrannt. Im Oktober 1933 legt er seine Honorarprofessur an der Universität Frankfurt nieder.

1934: Gründung und Leitung der „Mittelstelle für jüdische Erwachsenenbildung". Buber engagiert sich durch Erwachsenenbildung für die Stärkung jüdischer Identität im zunehmend antijüdischen Kontext Deutschlands. In diesen Zusammenhang gehört auch der unter dem Titel „Die Lehre und die Tat" am jüdischen Lehrhaus in Frankfurt gehaltene Vortrag.

1935 entsteht für einen Vortrag am Freien Jüdischen Lehrhaus in Frankfurt sein Text „Bildung und Weltanschauung".

1938 verlässt er Deutschland. Er nimmt einen Ruf der Universität Jerusalem auf den Lehrstuhl für

Sozialphilosophie an und übersiedelt nach Jerusalem. Buber wählt seinen Wohnsitz bewusst im arabischen Stadtteil Jerusalems. Er tritt für einen jüdisch-arabischen Staat ein, sucht den Dialog und engagiert sich in verschiedenen Organisationen für jüdisch-arabische Verständigung. Er setzt seine schriftstellerische Tätigkeit fort.

1939 hält Buber in Tel Aviv den denkwürdigen Vortrag „Über Charaktererziehung“ anlässlich einer Tagung jüdischer Lehrer.

1941 veröffentlicht Buber den Aufsatz „Hebräischer Humanismus“. Den Begriff gebrauchte er allerdings schon früher.

1948 wird der Staat Israel gegründet. Im selben Jahr veröffentlicht Buber den Aufsatz „Der Weg des Menschen“.

1949 gründet Buber das Seminar für Erwachsenenbildner in Jerusalem. In diesem Zusammenhang entstehen zwei bedeutungsvolle Texte mit dem Titel „Erwachsenenbildung“.

1949 erscheint unter dem Titel *Die Erzählungen der Chassidim* auch Bubers große Sammlung chassidischer Texte, die er im Laufe von 50 Jahren gesammelt und übersetzt hatte.

1950: Publikation der Schrift *Zwei Glaubensweisen*, in der Buber den jüdischen und den christlichen Glauben charakterisiert.

1951 wird ihm von der Universität Hamburg der Goethepreis verliehen.

1951–1952 unternimmt er eine erste Reise in die USA.

1953 erhält er den Friedenspreis des Deutschen Buchhandels. Er publiziert unter anderem *Gottesfinsternis: Betrachtungen zur Beziehung zwischen Religion und Philosophie* und *Reden über Erziehung*. Im selben Jahr erscheint auch der Aufsatz „Zwischen Religion und Philosophie", in dem Buber die Kritik an *Gottesfinsternis* erwidert.

1954–1956 folgen Reisen nach Europa. Er setzt die Bibelübersetzung fort. 1954 wird der Aufsatz „Elemente des Zwischenmenschlichen" publiziert.

1957, auf einer zweiten USA-Reise, begegnet er dem Psychologen und Psychotherapeuten Carl Rogers (bekannt durch die *Personenzentrierte Gesprächstherapie*).

1958 verleiht ihm die Universität Sorbonne (Paris) die Ehrendoktorwürde. Tod seiner Frau Paula Buber.

1961 wird die Übersetzung der hebräischen Bibel fertiggestellt.

1962–1964: Buber stellt seine Werke in drei Sammelbänden zusammen, geordnet nach *Schriften zur Philosophie*, *Schriften zur Bibel* und *Schriften zum Chassidismus*. 1962: Verleihung der Ehrendoktorwürde der Medizinischen Fakultät der Universität Münster.

1963 folgt ein letzter Aufenthalt in Europa. In Amsterdam wird ihm der Erasmus-Preis verliehen. Hier charakterisiert Buber seine Lebenshaltung als „Gläubigen Humanismus".

1964 folgt (in Abwesenheit) die Verleihung der Ehrendoktorwürde der Philosophischen Fakultät der Universität Heidelberg.

Am 13.6.1965 stirbt Martin Buber in Jerusalem.

Mit dem Denken dieses Menschen möchte ich in den folgenden Kapiteln Leserinnen und Leser ins Gespräch bringen. Dabei will ich nicht verschweigen, dass der Jude Buber ein kritischer und herausfordernder Gesprächspartner für Christen ist. Bei aller Wertschätzung für den Juden Jesus hat er sich auch immer pointiert kritisch zum Christentum geäußert. Es ist nicht die Absicht dieses Buches, in einen kritischen Dialog mit Buber zu treten. Interessierte verweise ich auf die oben schon erwähnte umfangreiche und informative Studie von Karl-Josef Kuschel: *Martin Buber – seine Herausforderung an das Christentum*. Mir geht es in den folgenden Texten darum, Impulse von Martin Buber aufzunehmen und auf den Weg unserer Menschwerdung zu beziehen.

2.

ERRETTUNG *ZUM* MENSCHSEIN

Eine kleine rabbinische Geschichte nimmt uns mit auf den Weg der folgenden Kapitel. Sie trägt den Titel „Wie der Mensch erschaffen wurde“:[21]

> Rabbi Israel, der Baal Schem Tow, sagte:
>
> „An der Stelle der Schrift, die von der Erschaffung des Menschen berichtet, heißt es: ‚Und der Herr sprach: Lasst uns den Menschen machen!‘ (1. Mose 1,26) – Mit wem sprach Gott, als er sagte: ‚Lasst uns Menschen machen‘?
>
> ‚Er sprach‘, so erklärte Rabbi Israel, das Baal Schem Tow, ‚er sprach schon mit dem Menschen selbst: Komm, du und ich gemeinsam, wir wollen uns den Menschen erschaffen! Denn wenn du mir nicht helfen willst, kann

auch ich dich niemals zu einem richtigen Menschen machen.'"

Diese Auslegung des Bibeltextes mag nicht den neuesten Erkenntnissen wissenschaftlicher Bibelauslegung genügen – aber es ist eine sehr weise Deutung des Textes.[22] Die rabbinische Weisheit will uns sagen: Der Mensch ist ein werdendes Wesen. Im Gespräch mit und in Beziehung zu Gott und zur Welt soll und kann er im Laufe seines Lebens zunehmend zu einem Menschen werden. Das wird dazu führen, dass er als Haushalter Gottes diese Welt verantwortungsvoll bevölkert und kultiviert. In den Worten des ersten Kapitels der Bibel und in den Worten Bubers: dass er zum Ebenbild Gottes wird.

Die biblische Erzählung lehrt uns allerdings auch, dass sich der Mensch entschieden hat und immer wieder entscheidet, seine Menschwerdung selber, das heißt ohne Gott, in die Hand zu nehmen. Der Mensch will *autonom* sein – unabhängig. Wörtlich: sich selber die Gesetze gebend. Die Weltgeschichte zeigt uns mit erschütternder Deutlichkeit, dass das nicht gut ausgeht. Treffend hat jemand einmal gesagt: „Ohne den Schöpfer ist das Geschöpf bald erschöpft." Buber hat diese falsch verstandene Freiheit als eine „halsbrecherische" Irrfahrt ohne Kompass bezeichnet. Wir werden später darauf zurückkommen.

Die gute Nachricht (das Evangelium), die uns die Bibel kundtut, besteht nun aber gerade darin, dass Gottes Hand zum Menschen hin ausgestreckt bleibt, und dass die Einladung Gottes weiterhin an den Menschen ergeht, in Beziehung zum Schöpfer das wahre Menschsein zu entdecken. Gott, der Schöpfer, will seine Menschen nicht *vom* Menschsein, sondern *zum* Menschsein erlösen.

Dieses Verständnis von Erlösung und Heil ist nicht selbstverständlich. In verschiedenen Religionen, und auch in manchen Strömungen des Christentums, wurde und wird Erlösung als Erlösung *vom* Menschsein verstanden. Das diesseitige, irdische Leben wird als problematisch und minderwertig gesehen. Das wahre und reine Leben ist geistig und nicht materiell. Wenn dann noch christliche Vorstellungen von „gefallener Schöpfung" oder „sündhaftem Wesen" dazu kommen, dann hat Menschsein wirklich keinen guten Ruf. Da ist es durchaus verständlich, dass wir uns danach sehnen, das problematische Menschsein hinter uns zu lassen und nach Höherem und Geistlicherem zu streben. Die von griechischer Philosophie geprägte Vorstellung der

Erlösung der ewigen Seele aus dem Gefängnis des vergänglichen Körpers kommt da gelegen.

Martin Buber macht unmissverständlich klar, dass das nicht die Sicht der hebräischen Bibel (unseres Alten Testaments) ist – und ich füge hinzu: auch die Schreiber des Neuen Testaments kämpfen vehement gegen diese platonisch beeinflusste Vergeistigung des hebräisch-christlichen Glaubens.

Dennoch hat sich das Christentum im Laufe der Jahrhunderte den Ruf einer weltflüchtigen Religion eingehandelt. Das trifft sicher für diejenigen Bewegungen innerhalb des Christentums zu, die das Heil vor allem als zukünftige und jenseitige *Seelenrettung* verstanden haben und verstehen.

Einer der schärfsten Kritiker dieser Jenseitsorientierung des Christentums war wohl Karl Marx, der den christlichen Glauben als „Opium des Volkes" bezeichnet hat. Religion als Droge, die den Blick für die ungerechten Realitäten in dieser Welt eintrübt, gleichzeitig das Erleiden dieser Realitäten erträglicher macht und auf bessere Zeiten im Himmel vertröstet. Diese Kritik von Marx trifft sicher manche Erscheinungsformen des Christentums, nicht aber die Originalversion des hebräisch-christlichen Glaubens, wie sie am klarsten im Leben, Wirken und Lehren von Jesus zum Ausdruck kommt. Diese Originalversion gilt es immer wieder neu zu entdecken, und dazu wollen auch die nachfolgenden Kapitel beitragen. Dass ich mir dazu von einem Juden Impulse verspreche, mag etwas verwundern – wir werden sehen.

Martin Buber hat seine Weltanschauung gelegentlich als „hebräischen Humanismus" bezeichnet. Mit dem Begriff „Humanismus" mischt er sich ins moderne Gespräch der letzten Jahrhunderte ein. Man kann den Humanismus ganz allgemein und sicher vereinfacht als das Projekt der Menschen verstehen, ohne Gott das wahre Menschsein zu verwirklichen. Die humanistischen Ideen, die die westliche Welt seit dem 18. Jahrhundert prägen, gehen von einem positiven und optimistischen Menschen- und Weltbild aus. Dabei schöpft man aus den Quellen der griechischen und römischen Antike. Im neuhumanistischen Bildungsideal, das seit dem 19. Jahrhundert das pädagogische Denken der westlichen Welt prägt, glaubt man, dass der Mensch durch die Beschäftigung mit der griechischen und lateinischen Geschichte und Literatur zum wahren Menschen gebildet wird.

Dieser Mensch wird in der Lage sein, die ideale Gesellschaft zu gestalten.

Martin Buber distanziert sich nicht von der Idee des *Humanen*, das heißt des Menschlichen. Auch ihm geht es um die Verwirklichung des wahren Menschseins. Auch er möchte eine Menschheitsgemeinschaft, in der Menschen aufblühen und sich entfalten.

Doch Buber fügt hinzu, dass es für eine jüdische Gemeinschaft nicht ausreichen kann, sich auf die römisch-griechischen Wurzeln zu besinnen. Im Hinblick auf die Gründung des Staates Israels argumentiert er, dass nur eine Rückbesinnung auf die Wurzeln *ihrer* Herkunft einen soliden Grund für eine neu zu gestaltende Gesellschaft sein kann. Eine jüdische Gesellschaft wird sich nicht damit begnügen können, sich an den Idealen römischer und griechischer Philosophen zu orientieren. In seiner Bildungsarbeit ist Buber deshalb zur hebräischen Bibel als Urgrund und Quelle wahren Menschseins zurückgekehrt. Aus diesem Grund spricht er von einem „hebräischen Humanismus".

Damit weist Buber einen Weg jenseits einer weltflüchtigen und vergeistigten Seelenrettungs-Religion sowie eines diesseitigen und gottlosen Humanismus. Seine Bildungsarbeit ist deshalb von zwei Brennpunkten geprägt: Einmal geht es ihm darum, dass der Mensch die Wirklichkeiten dieser Welt wahrnimmt, darauf antwortet und so Verantwortung übernimmt. Er ist dazu berufen, sein Leben in den Wirklichkeiten dieser Welt zu verwirklichen. Das wird ihm aber nicht in gottloser Autonomie gelingen, sondern nur in Beziehung zu seinem Schöpfer. Bildungsarbeit hat deshalb die vordringliche Aufgabe, den Menschen „vor das Angesicht Gottes zu stellen". Wie wir später sehen werden, beginnt der Weg des Menschen für Buber deshalb damit, dass er sich dem Anruf Gottes öffnet.

Aus den Wurzeln seines hebräischen Glaubens heraus gelingt es Buber, den *Weltbezug* und den *Gottesbezug* des Lebens zusammenzuhalten.[23] Erlösung ist deshalb weder Erlösung *vom* beschwerlichen Menschsein, noch Befreiung *von* Gott, dem Schöpfer, sondern vielmehr Erlösung *zum* Menschsein *in Beziehung zum* Schöpfer.

Diese Vorstellung vom Menschsein, wie sie Buber aus den Quellen der hebräischen Bibel gewinnt, wird im Neuen Testament weder von Jesus noch von Paulus verneint, überwunden oder vergeistigt. An diesem Punkt vermag ich Buber nicht zu folgen, der Paulus unterstellt, dass er durch Vergeistigung und Verinnerlichung des Glaubens dem hebräischen Glauben Gewalt angetan habe.[24]

Ich will jedoch Martin Bubers Herausforderung und Einladung hören, unser Leben im Vertrauen auf Gott als *Menschwerdung* zu gestalten. Was das konkret bedeutet, soll in den folgenden Kapiteln weiter entfaltet werden.

3.

DAS GEHEIMNIS EINES ERFÜLLTEN LEBENS

Hören wir noch einmal auf Bubers berühmtes Zitat, das ich bereits zum Einstieg erwähnt hatte:[25]

> „Ich habe keine Lehre. Ich zeige nur etwas. Ich zeige die Wirklichkeit, ich zeige etwas an der Wirklichkeit, was nicht oder zu wenig gesehen worden ist. Ich nehme ihn, der mir zuhört, an der Hand und führe ihn zum Fenster. Ich stoße das Fenster auf und zeige hinaus. Ich habe keine Lehre. Ich führe ein Gespräch."

Buber fordert uns heraus, aus den Träumen aufzuwachen, von Ideologien Abschied zu nehmen und religiöse Fluchtmechanismen zu durchschauen. Man kann sagen, seine These lautet: Der

Mensch wird in dem Maße Mensch, wie er sich der Wirklichkeit stellt.

In einem Vortrag zum Thema „Bildung und Weltanschauung", den er 1935 im jüdischen Lehrhaus in Frankfurt hielt,[26] macht er deutlich, dass er vom Konzept „Weltanschauung" wenig hält, wenn es lediglich um Ideen und Ideologien geht. Unter „Weltanschauung" sollte vielmehr verstanden werden, dass wir die Welt wirklich anschauen und uns den Wirklichkeiten stellen. Im Angesicht des wachsenden Nationalsozialismus sagt er dann:[27]

> „Es kommt, beim Lehrenden wie beim Lernenden, darauf an, ob seine Weltanschauung sein lebensmäßiges Verhältnis zu der ‚angeschauten' Welt fördert oder ihm diese verstellt. Die Tatsachen sind; es kommt darauf an, ob ich sie so treu zu erfassen strebe, wie ich vermag. Meine Weltanschauung kann mir darin helfen; wenn sie nämlich meine Liebe zu dieser ‚Welt' so wach und stark hält, dass ich nicht müde werde wahrzunehmen, was wahrzunehmen ist."

Im Klartext heißt das: Menschen mit Charakter machen die Augen auf und sehen, was in dieser Welt eigentlich abläuft. Sie verschließen ihre

Augen nicht und ziehen sich nicht in die sicheren Gefilde von Idealen und Theorien zurück.

Doch Buber bleibt nicht bei der Wahrnehmung der Wirklichkeit stehen. Entscheidend ist letztlich die Frage, so Buber: „Was fängst du mit deiner Weltanschauung an?" Am Ende zählt, „ob einer seine Weltanschauung nur verficht und ‚durchsetzt' oder sie lebt und bewährt". Für Buber gilt: „Die Wahrheit einer Weltanschauung wird nicht in den Wolken erwiesen, sondern im gelebten Leben: wahr ist, was bewährt wird."[28]

Erziehung und Bildung haben für Buber die Aufgabe, den Menschen aufzuwecken, damit er die Wirklichkeit sieht – in seinem Vortrag von 1935 die wachsende Manipulation der Massen durch den Nationalsozialismus – und konkret und verantwortlich handelt. Der manipulativen Massenverblendung (er spricht von „Ungebildetheit"), hält er eine „zeitwahre, zeitgerechte Bildung" entgegen, „die den Menschen hinführt zum gelebten Zusammenhang mit seiner Welt und ihn aufsteigen lässt zu Treue, zu Erprobung, zu Bewährung, zu Entscheidung, zu Verwirklichung".[29]

So kann er am Schluss seines Vortrags über Weltanschauung pointiert zusammenfassen:

> „Die Bildungsarbeit, die ich meine, ist Führung zu Wirklichkeit und Verwirklichung. Der Mensch ist zu bilden, der zwischen Schein und Wirklichkeit, zwischen Scheinverwirklichung und echter Verwirklichung zu scheiden weiß, der den Schein verwirft und die Wirklichkeit wählt und ergreift, gleichviel welche Weltanschauung er erwähle.“

Menschwerdung heißt für Buber, dass wir zunehmend nicht in Träumen, Ideen und Theorien leben, sondern der Wirklichkeit ins Auge schauen und das Leben gemäß dem uns vom Schöpfer verliehenen Potenzial verwirklichen.

Auch in seiner Rede „Über Charaktererziehung“[30] betont Buber, dass Menschen mit Charakter die Wirklichkeit wahrnehmen, wie sie ist, und Verantwortung übernehmen. Da heißt es zum Beispiel:[31]

> „Einen großen Charakter nenne ich den, der durch seine Handlungen und Haltungen den Anspruch der Situation aus einer tiefen Bereitschaft zur Verantwortung seines ganzen Lebens erfüllt, und so, dass sich in der Gesamtheit seiner Handlungen und Haltungen doch auch die Einheit seines Wesens, seines verantwortungswilligen Wesens bekundet.“

Ein gereifter Mensch ist für Buber also derjenige, der aus der Mitte seines ganzen Wesens in der Welt steht und Verantwortung übernimmt. Ein solches Menschsein sieht Buber insbesondere durch den Kollektivismus bedroht, den er in Nazideutschland erlebt hat. Das veranlasste ihn zu folgendem Kommentar:[32]

> „Ein Teil der Jugend beginnt heute zu spüren, dass in der Absorption durch das Kollektiv etwas Allerwichtigstes und Unersetzliches verloren geht, die personhafte Verantwortung für Leben und Welt."

Diesen doppelten Fokus, die Wirklichkeit wahrnehmen und dann verantwortlich handeln, bringt Buber gelegentlich treffend mit dem Wortpaar „Wirklichkeit und Verwirklichung" bzw. „Realität und Realisierung" auf den Punkt. Kürzer kann man sein Anliegen tatsächlich kaum formulieren.

In dieselbe Richtung zielt auch das Wortpaar „Antwort und Verantwortung".[33] Verantwortung hat – wie das deutsche Wort schon sagt –, mit Antworten zu tun. Buber kann deshalb sagen: „Echte Verantwortung gibt es nur, wo es wirkliches Antworten gibt". Und er fragt gleich: „Antworten worauf?" Antwort: „Auf das, was einem widerfährt, was man zu sehen, zu hören, zu spüren bekommt."[34]

Der verantwortliche Mensch ist deshalb für Buber *aufmerksam*. Ein hörender, ein sehender, ein wahrnehmender Mensch. Er lässt sich ansprechen, um dann auch zu *antworten* – und um so dann auch *Verantwortung* zu übernehmen.

Buber unterscheidet dabei drei Arten der aufmerksamen Wahrnehmung:[35] Das gespannte *Beobachten*, das entspannte *Betrachten* und das *Innewerden*. Es ist vor allem dieses Dritte, das Buber mit dem tieferen, wie er oft sagt, *dialogischen* Begegnen verbindet. Während ich beim *Beobachten* und *Betrachten* noch in einer distanzierten Position eine Sache oder einen Menschen anschaue (Subjekt-Objekt-Beziehung), werde ich beim *Innewerden* in ein Gespräch hineingenommen. Die betrachtete Sache oder der betrachtete Mensch haben mir „etwas zu sagen", ich weiß mich jetzt „angesprochen". Und auf dieses Angesprochensein muss geantwortet werden. Ich kann nicht in der passiven Beobachter- oder Betrachterrolle bleiben. Das wäre unverantwortlich. Ich trete nun zu dem, was mich „anspricht", in eine dialogische Beziehung.

Für Buber liegt in der Dynamik der Wortpaare „Wirklichkeit und Verwirklichung“ sowie „Antwort und Verantwortung“ geradezu das Geheimnis eines erfüllten Lebens. So kann er sagen:[36]

> „Dieses brüchige Leben zwischen Geburt und Tod kann doch eine Erfüllung sein: wenn es Zwiesprache ist. Erlebend sind wir Angeredete [!]; denkend, sagend, handelnd, hervorbringend, einwirkend vermögen wir Antwortende [!] zu werden.

Das heißt dann aber nichts anderes als das: In unserem Erleben – wahrnehmend, innewerdend – sind wir Angesprochene; herausgefordert, mit unserem Denken, Reden und Handeln zu antworten, das heißt verantwortlich zu leben.

Das ist nicht selbstverständlich, wie Buber gleich anfügt:[37]

> „Zumeist überhören wir ja die Anrede oder schwatzen in sie hinein. Wenn aber das Wort zu uns kommt und die Antwort aus uns kehrt, gibt es, wie auch noch gebrochen, das menschliche Leben auf der Welt.“

Es wird also, wenn wir wirklich leben wollen, darum gehen, der Anrede, die uns durch das Innewerden der Wirklichkeit erreicht, nicht auszuweichen, sondern uns eben dieser Wirklichkeit zu stellen, das heißt zu antworten. So leben wir verantwortlich und das ist laut Buber das erfüllte Leben. Zu solchem Leben sollen Erziehung und Bildung hinführen.

Dabei ist Bubers Horizont nie auf die empirisch wahrnehmbaren Wirklichkeiten dieser Welt begrenzt. Von seinem hebräischen Glauben her „liest“ er die Welt aus der Perspektive dessen, der sich in der hebräischen Bibel offenbart. Wie wir später sehen werden, geht es immer auch darum, dass der Mensch vor das Angesicht Gottes geführt wird, dessen Anruf vernimmt – und antwortet.

Martin Buber fordert uns heraus, die Idee eines „erfüllten Lebens“ neu zu bedenken. Was meinen wir damit, wenn wir uns nach einem erfüllten Leben sehnen, uns danach ausstrecken? Für Martin Buber liegt das Geheimnis eines erfüllten Lebens in den beiden Wortpaaren „Wirklichkeit und Verwirklichung“ sowie „Antwort und Verantwortung“. Nicht in den Träumen liegt das erfüllte Leben, sondern im verantwortlichen Handeln.

4.

„ALLES WIRKLICHE LEBEN IST BEGEGNUNG“

Martin Buber sieht den Menschen nicht als isoliertes Individuum, er sieht ihn vielmehr als in seinem tiefsten Wesen immer „Mensch-in-Beziehung“. Dieses Menschenbild ergibt sich folgerichtig aus dem „hebräischen Humanismus“; das ist das Bild vom Menschen, das uns die hebräische Bibel zeigt – und das Neue Testament sieht das nicht anders.

Entscheidend ist nun aber, dass Buber dieses hebräische Menschenbild in Kontrast zum modernen Menschenbild der aufgeklärten westlichen Kultur setzt.[38] Dieses moderne, humanistische Menschenbild ist, so Buber, grundsätzlich individualistisch. Der Mensch wird Mensch, indem er sich auf sich selbst besinnt. Natürlich kommt auch die Menschheitsgemeinschaft in den

Blick, aber immer als etwas Zweites, dem Individuum Nachgeordnetes. Der Mensch ist seinem Wesen nach Individuum, muss aber natürlich mit der Tatsche zurechtkommen, dass es neben ihm noch andere Individuen gibt. Beziehung und Gemeinschaft gehören deshalb nicht zum Wesen des Menschen, sondern sind Aufgabe und Herausforderung, die sich aus der Tatsache ergeben, dass es viele Individuen nebeneinander gibt. Dabei tragen Beziehungen und soziale Interaktion durchaus zur Reifung des Menschen bei. Der Gemeinschaft kommt dabei jedoch lediglich eine funktionale Bedeutung zu: Beziehungen und Interaktionen dienen der Entfaltung und der Entwicklung des Individuums. Letztlich geht es immer um das Individuum.

Diesem modern-humanistischen Menschenbild stellt Buber das hebräische Menschenbild gegenüber, in dem der Mensch in seinem tiefsten Wesen gemeinschaftlich, das heißt „in Beziehung" ist. So hat der Schöpfer sein Geschöpf konzipiert.[39] Das Soziale ist nicht etwas Hinzugekommenes und ihm kommt auch nicht nur eine funktionale Rolle zu – „in Beziehungen sein" ist das Wesen des Menschseins. Zu diesem Wesentlichen gehört für Buber nicht nur die Beziehung von Mensch zu Mensch, sondern auch die Beziehung des

Menschen zu Gott.[40] Der „ganze Mensch“ ist der Mensch in dieser doppelten Beziehung – zu Gott und zu Mitmenschen. Menschwerdung heißt deshalb, in diese Beziehungen hineinwachsen.

Dieses Menschenbild steht hinter Martin Bubers bekanntester Schrift „Ich und Du“, die im Sammelband *Das dialogische Prinzip* zu finden ist.[41] „Ich und Du“ ist zwischen 1921 und 1923 entstanden und entspringt nicht zuletzt auch Bubers eigenem Ringen um die „Ich-Du-Beziehung“ zu Gott.[42]

Wer sich daran macht, „Ich und Du“ zu lesen, wird bald merken, dass er oder sie nicht eine systematische Darlegung eines Themas vor sich hat, sondern vielmehr weisheitlich-philosophische Überlegungen, oft poetisch dargeboten. Der Text ist nicht einfach zugänglich und ich beanspruche keineswegs, alles verstanden zu haben. Dennoch versuche ich einige Gedankenspuren aufzunehmen und fruchtbar zu machen.

Das Wort *Ich*, sagt Buber, kann gar nicht für sich alleine stehen. Es ist immer schon in Verbindung mit einem *Es* oder mit einem *Du*. Manche von Bubers Formulierungen sind zu oft zitierten Redewendungen und Weisheitsworten geworden:

> Am Anfang ist die Beziehung.[43]
>
> Alles wirkliche Leben ist Begegnung.[44]
>
> Der Mensch wird am Du zum Ich.[45]
>
> Es gibt kein Ich an sich, sondern nur das Ich des Grundwortes Ich-Du und das Ich des Grundworts Ich-Es.[46]

Ich-Es und *Ich-Du* sind denn auch die beiden Grundworte (eigentlich Wortpaare) in Bubers Verständnis vom Menschen. *Ich-Es* steht für Beziehungen, in denen ich das aktive, betrachtende Subjekt gegenüber einem passiven Objekt bin, sei dies ein Mensch oder ein Gegenstand. *Ich-Es*-Beziehungen führen zu Sach-Erkenntnissen, zu Sachwissen. Das ist die Beziehung, die die Wissenschaft zu ihren Erkenntnissen führt, und das ist deshalb auch die Art von Beziehung, die wir zum Fachwissen haben, das wir in Schule und Studium erwerben. *Ich-Es*-Beziehungen und *Ich-Es*-Erkenntnisse haben ihren wichtigen Platz im Leben, aber es gibt mehr: *Ich-Du*-Beziehungen.

In einer *Ich-Du*-Beziehung bin ich nicht länger das allein aktive Subjekt, das einen passiven Gegenstand (Objekt) analytisch betrachtet und erfasst, ich werde vielmehr in eine wechselseitige Beziehung von zwei Subjekten hineingenommen, in eine dialogische Beziehung:[47]

> „Stehe ich einem Menschen als meinem Du gegenüber, spreche ich das Grundwort Ich-Du zu ihm, ist er kein Ding unter Dingen und nicht aus Dingen bestehend."

Der ganze (heile) Mensch, wie Buber ihn von der hebräischen Bibel her sieht, findet in der Ich-Du-Beziehung seine Bestimmung – letztlich in der Ich-Du-Beziehung zu seinem Schöpfer und zur Schöpfung. Vorsichtig, aber bestimmt, beschließt Buber seine Überlegungen zum Thema „Ich und Du" mit den Worten:[48]

> „Die Existenz der Mutualität zwischen Gott und Mensch ist unbeweisbar, wie die Existenz Gottes unbeweisbar ist. Wer dennoch von ihr zu reden wagt, legt Zeugnis ab und ruft das Zeugnis dessen an, zu dem er redet, gegenwärtiges oder zukünftiges Zeugnis."

Mit anderen Worten: Buber will sich nicht anmaßen, die Ich-Du-Beziehung zwischen Gott und Mensch (Mutualität) zu beweisen, aber er will sie bezeugen.

Es ist Zeit für eine Zwischenbilanz: Mit den beiden Themen „hebräischer Humanismus" und „Ich und Du" haben wir gewissermaßen das Koordinatensystem von Martin Bubers Denken erfasst. Alles Weitere wird von diesen Koordinaten her zu begreifen sein. Ich versuche diese beiden Hauptkoordinaten noch einmal in meinen Worten festzuhalten:

- Wenn der moderne Mensch der westlichen Welt zum wahren Menschsein finden will, reicht es nicht, wenn er sich durch die Rückbesinnung auf die römisch-griechische Antike humanistisch bildet. Er muss zurück zur hebräischen Bibel, die ihn mit dem Schöpfer und mit dessen Sicht des Menschen und der Welt in Verbindung bringt. Das Resultat ist eine Humanität, die gleichzeitig welt- und gottbezogen ist. Eine solche Menschlichkeit ist weder gottlos noch weltfremd.
- Im Zentrum dieser hebräischen Sicht von Gott, der Welt und dem Menschen steht der Gedanke der Ich-Du-Beziehung. Der Mensch, der sich aufmacht, sein Leben von der hebräischen Bibel her zu deuten, wird sich als Mensch-in-Gemeinschaft wahrnehmen und zwar in Ich-Du-Beziehung sowohl zum Schöpfer als auch den anderen Geschöpfen. Auf dem Weg zur Verwirklichung des vollen Menschseins wird der

> Mensch deshalb nicht in individualistische und gottlose Selbstbesinnung flüchten, sondern in Gottesbeziehung, Menschengemeinschaft und Weltverantwortung sein wahres Wesen suchen und finden.

Das stellt mir selber die Frage, ob und wie es mir gelingt, in Beziehungen zu leben: zu Gott *und* zur Welt, zu mir selber *und* zu den Mitmenschen, zum Schöpfer *und* zu seiner Schöpfung. Das wäre nach Buber „wirkliches Leben“.

Nun können wir darauf gespannt sein, wie Martin Buber diese Grundlagen in verschiedene Bereiche des Lebens hinein konkretisiert.

5.

ZWEI ARTEN DES ERKENNENS

Von seinem „hebräischen Humanismus“ her nimmt uns Martin Buber in zwei Gespräche mit hinein. Das eine führt er mit der Philosophie seiner Zeit, das andere mit dem Christentum. Beim ersten geht es um „zwei Arten des Erkennens“, beim zweiten um „zwei Weisen des Glaubens“. Beide Gespräche verwickeln uns in die Frage, was Glaube im biblischen Sinn eigentlich ist. In diesem Kapitel hören wir in das Gespräch mit der Philosophie hinein, im folgenden Kapitel dann in dasjenige mit dem Christentum.

1953 veröffentlichte Buber ein Buch mit dem Titel *Gottesfinsternis. Betrachtungen zur Beziehung zwischen Religion und Philosophie.*[49] Das Buch basiert auf Vorlesungen, die Buber in Amerika gehalten hatte. Es geht ihm nicht so sehr um die Religionen im Allgemeinen oder um Religion als Institution, sondern um Glauben im Sinne der hebräischen Bibel und um die moderne Wissenschaft. Im Titel *Gottesfinsternis* steckt bereits seine Kernthese: So, wie sich bei einer Sonnenfinsternis der Mond zwischen die Erde und die Sonne schiebt und den Erdenbewohnern den direkten Blick auf die Sonne verstellt, so hat sich die Philosophie (die moderne Wissenschaft) zwischen uns und Gott geschoben, so dass uns der Blick auf Gott verstellt ist.

Das Herzstück von Bubers Argument ist auch hier die Unterscheidung zwischen Ich-Es- und Ich-Du-Beziehungen. Während es beim Glauben um eine personale Ich-Du-Beziehung mit Gott geht, geht es bei der Philosophie um eine sachliche Ich-Es-Beziehung. Das moderne wissenschaftliche Denken hat sich, wie der Mond bei der Sonnenfinsternis, zwischen uns und Gott geschoben. Nun reden wir zwar noch über Gott als einen Begriff, eine Sache oder eine Idee, über die man sich unterhalten kann, aber wir haben die unmittelbare Begegnung mit dem *Du* verloren. Das Antlitz Gottes ist uns durch das moderne Denken verstellt, sagt Buber, und es wird kalt auf der Erde.

Bubers Zeitgenosse und Weggefährte Hugo Bergmann fasst die Hauptaussage des Buches wie folgt zusammen:[50]

„Es gibt eine Gottesfinsternis, wie es eine Sonnenfinsternis gibt, und die Weltstunde, in welcher wir leben, ist eine Stunde solcher Finsternis – dies ist die These, welche Buber in seinem vor kurzem deutsch und englisch erschienenen Buche vertritt (M. Buber, *Gottesfinsternis*, Manesse Verlag, Zürich – *Eclipse of God*, Harper & Brothers, Neu York). Es ist eine Stunde der Irrealisierung Gottes, und gewaltige Mächte sind am Werk, der Menschheit die Wirklichkeit aller Wirklichkeiten zu nehmen. Eine Sonnenfinsternis im astronomischen Sinne kann es nur geben, weil es im Raume die Beziehung zwischen Erde und Sonne gibt, die in bestimmten Momenten unterbrochen wird. So auch im geistigen: es gibt eine direkte Beziehung zwischen dem Menschen und Gott, es gibt den „Wesensblick", durch welchen wir zu Gott hinzublicken vermögen. Dass es dieses echte religiöse Erlebnis gibt, ist nicht zu beweisen, es ist nur zu erfahren, und viele Menschen haben es erfahren. Was aber kann hier die direkte Verbindung unterbrechen und verdecken und die Finsternis herbeiführen? Buber antwortet: Die Ich-Es-Beziehung hat die Ich-Du-Beziehung erdrückt."

Im Übrigen ist Bergmanns Besprechung von Bubers Buch eher kritisch. Bergmann wirft Buber vor, den Graben zwischen Religion und Philosophie allzu radikal aufzureißen. Buber formuliere einen zu absoluten Gegensatz – Glauben *oder* Denken, Religion *oder* Philosophie. Wir brauchen Bergmanns Kritik hier nicht weiter zu entfalten, sondern wollen uns gleich der klärenden Antwort von Buber zuwenden.[51]

Buber fühlt sich missverstanden und legt dar, dass es ihm in all den zurückliegenden Jahren darum ging, beide Dimensionen – die Ich-Es- und die Ich-Du-Beziehung – zu würdigen. Beide gehören zum Leben und beide haben ihre Bedeutung. „Aber", so fährt er fort, „die strenge Scheidung zwischen den beiden Haltungen scheint mir dennoch unerlässlich". Buber ist davon überzeugt, dass beim Übergang von einer Ich-Du-Beziehung zu einer Ich-Es-Beziehung die unmittelbare Wirklichkeit einer Lebensbeziehung verloren geht.[52]

Im Kern geht es Buber um zwei Worte in zwei Sprachwelten, die zwei Arten des Erkennens bezeichnen und unterschieden werden müssen.[53]

> „Das eine, von der griechischen Philosophie klassisch konstituierte, bedeutet [...] das distanznehmende ‚Einsehen' eines gegenständlich Verfügbaren; ein solches aber ist uns Gott eben nie."

Man kann deshalb auch nicht vom relativen Diesseitigen auf das absolute Jenseitige schließen. Das haben zwar die Denker aller Zeiten in verschiedenen sogenannten „Gottesbeweisen“ immer wieder versucht, das Resultat sind aber nicht mehr als Behauptungen, keine „Tatsachen“. „Alle Gottesbeweise trügen“, sagt Buber. Diesem philosophischen Erkennen gegenüber, das er „Einsehen“ nennt, sieht Buber im hebräischen Glauben etwas ganz anderes:

> „Das andere ‚Erkennen‘, von den heiligen Schriften des Volkes Israel gültig ausgesagt, bedeutet nicht ein Einsehen, sondern einen unmittelbaren Kontakt, für den im Gegensatz zu jenem — wo das Erkannte am Vorgang nicht aktiv beteiligt ist, sondern ihn nur an sich geschehen lässt — die Wechselseitigkeit wesentlich ist.“

Und er erklärt dann gleich:

> „Hier tritt nicht ein erkennendes Subjekt einem erkannten Objekt gegenüber, sondern die Person begegnet der Person – meinem Verständnis nach: der um des Umgangs mit seiner Kreatur willen je und je Person werdende Gott begegnet je und je dem personhaften Menschenwesen –, und das Glau-

bensverhältnis ist ein Geschehen zwischen ihnen."

Buber will die Philosophie, das heißt das menschliche Denken, die Leistungsfähigkeit der modernen Wissenschaft, nicht geringachten, er will aber deren Grenzen aufzeigen:

> „Es ist das hohe Recht der Philosophie, aber auch ihre Pflicht, die Grenze, die ihre Grundgesetze ihr ziehen, in klarem Wissen innezuhaben und diesem Wissen gemäß zu tun und zu lassen."

Im Klartext heißt das: Menschliches Denken, Philosophie und Wissenschaft leisten uns enorme Dienste, wenn es darum geht, Phänomene dieser Welt sachlich präzise zu erfassen. Sie schieben sich aber, wie der Mond in der Sonnenfinsternis, zwischen uns und Gott, wenn wir mit ihren Methoden zu Gott vordringen wollen. Das aber, so Buber, ist durch die Aufklärung geschehen und nur eine „Umkehr zu Gott" kann uns aus dieser Gottesfinsternis befreien.

In der Erzählung *Gog und Magog* lässt er im Gespräch den Juden sagen:[54]

> „Die Zeiten der großen Probe [...] sind die der Gottesfinsternis. Wie wenn die Sonne sich

verfinstert, und wüsste man nicht, dass sie da ist, würde man meinen, es gäbe sie nicht mehr, so ist es in solchen Zeiten. Das Antlitz Gottes ist uns verstellt, und es ist, als müsste die Welt erkalten, der es nicht mehr leuchtet. Aber die Wahrheit ist, dass gerade erst dann die große Umkehr möglich wird, die Gott von uns erwartet, damit die Erlösung, die er uns zudenkt, unsre eigene Erlösung werde. Wir nehmen ihn nicht mehr wahr, es ist finster und kalt, als ob es ihn nicht gäbe, es erscheint sinnlos, zu ihm umzukehren, der doch, wenn er da ist, sich gewiss nicht mit uns abgeben wird, es erscheint hoffnungslos zu ihm durchdringen zu wollen. Ungeheures muss in uns geschehen, damit wir die Bewegung vollziehen. Aber wenn das Ungeheure geschieht, ist es die große Umkehr, die Gott erwartet. Die Verzweiflung sprengt das Verlies der heimischen Kräfte. Die Quellen der Urtiefe brechen auf."

Martin Buber lädt uns also nicht ein, Denken, Philosophie und Wissenschaft gering zu achten, er weist sie jedoch in die Schranken. Mit dem Bild der Sonnenfinsternis gelingt es ihm, eindrücklich zu zeigen, welch fatale Folgen es für uns Menschen hat, wenn wir uns die Wirklichkeit durch Philosophie und Wissenschaft auf das reduzieren lassen, was unsere Sinne und unser Denken erfassen können: Wir verlieren die unmittelbare Ich-Du-Beziehung zu Gott. Angesichts dieser Gottesfinsternis lädt Buber zur Umkehr zu Gott ein.

Auch hier schimmert Bubers hebräischer Humanismus durch. Die Weltzugewandtheit ermutigt uns, Wissenschaft und Philosophie zu betreiben und zu würdigen. Die Gottzugewandtheit will uns davor bewahren, dass uns Wissenschaft und Philosophie den Blick auf Gott verstellen. So will uns Buber vor der „Gottesfinsternis" bewahren, damit es nicht kalt werde auf Erden.

6.

ZWEI WEISEN DES GLAUBENS

Nach dem Gespräch mit der Philosophie nun also Bubers Gespräch mit dem Christentum. Buber hat sich oft und engagiert mit christlichen Theologen und christlicher Theologie auseinandergesetzt. Dabei hat er sich wertschätzend, wie auch kritisch gegenüber dem Christentum geäußert. In manchen Punkten teile ich seine Einschätzung nicht, an anderen Stellen möchte ich mich aber durch seine kritischen Anfragen herausfordern lassen.[55] Vier solche Punkte möchte ich hier vorstellen.

1. In einer Schrift mit dem Titel *Zwei Glaubensweisen* hat Buber 1950 explizit Unterschiede zwischen jüdischem und christlichem Glauben benannt.[56] Auch hier denke ich, dass Buber durch diese radikale Gegenüberstellung von zwei Glau-

bensweisen zwar treffend manche Entwicklungen in der Geschichte des Christentums entlarvt, dass er aber dem Neuen Testament nicht wirklich gerecht wird. Ich will das hier gar nicht in aller Breite und Tiefe argumentieren, ich möchte lediglich die kritische Anfrage Bubers an manche Erscheinungsformen des christlichen Glaubens hören und zur Sprache bringen.

Auf den ersten Seiten von *Zwei Glaubensweisen* legt Buber seine Grundthese vor, die er dann auf den folgenden fast 200 Seiten entfaltet und begründet:[57]

> „Es stehen einander zwei, und letztlich nur zwei, Glaubensweisen gegenüber. [...] Beide lassen sich von schlichten Tatsachen unseres Lebens aus anschaulich machen: die eine von der Tatsache, dass ich zu jemand Vertrauen habe, ohne mein Vertrauen zu ihm hinlänglich ‚begründen' zu können, die andere von der Tatsache aus, dass ich, ebenfalls ohne es zulänglich begründen zu können, einen Sachverhalt als wahr anerkenne. [...]
>
> Die erste der beiden Glaubensweisen hat ihr klassisches Beispiel an der Frühzeit des Glaubensvolkes Israel – einer Glaubensgemeinschaft, die als Volk, eines Volks, das als Glaubensgemeinschaft entstanden ist –, die zweite an der Frühzeit der Christenheit [...]."

Es geht bei der ersten Glaubensweise also um das Vertrauen einer Person gegenüber. Bei der zweiten geht es um das Fürwahrhalten von Sachverhalten. So sehr ich diese Unterscheidung für richtig und wichtig halte, kann ich nicht nachvollziehen, weshalb die erste allein auf den hebräischen, die zweite allein auf den christlichen Glauben bezogen werden soll. Auch in der hebräischen Bibel (im Alten Testament) ist das personale Vertrauen Gott gegenüber mit dem Fürwahrhalten bestimmter Inhalte gepaart. Buber selber spricht an anderer Stelle davon, dass die Erziehung des Charakters nur gelingen könne, wenn die „unbedingt geltenden Werte" – Buber nennt die Zehn Gebote als Beispiel – anerkannt werden.[58] Umgekehrt kennt auch das Neue Testament nicht nur den Glauben im Sinne von Fürwahrhalten (zum Beispiel: Ich glaube, *dass* Jesus von den Toten auferstanden ist), sondern ebenso das existentielle Vertrauen in der Beziehung zu Gott.

In der Geschichte der christlichen Theologie war und ist man sich sehr wohl des Unterschieds zwischen dem Glauben *dass* (Sachglaube) und dem Glauben *an* (Personalglaube) bewusst. Die beiden sind zu unterscheiden und gleichzeitig eng aufeinander bezogen.

Nun scheint es jedoch, dass Buber immer wieder einem Christentum begegnet ist, das vor allem den Sachglauben betont hat, die Notwendigkeit, bestimmte Tatsachen für wahr und richtig zu halten. Das sollte uns zu denken geben. Hält uns Buber mit seinen kritischen Ausführungen einen Spiegel vor? Kann es sein, dass Christen im Laufe der Jahrhunderte immer stärken den Sachglauben betont haben, das Anerkennen richtiger theologischer Aussagen? Kann es sein, das christlicher Glaube zu einem Ich-Es-Glaube verkommen ist, dass die Theologen um richtige dogmatische Sätze streiten und einfache Kirchenmitglieder mit dem Rezitieren theologisch korrekter Glaubensbekenntnisse ihren Glauben bezeugen müssen? Kann es sein, dass dabei der Ich-Du-Glaube im Sinne einer personalen Beziehung zu Gott in den Hintergrund gerückt, ja gar nicht mehr vorhanden ist?

Wenn dem so ist, ist es Zeit, Bubers Anfrage zu hören. Genau davon spricht Helmut Thielicke, wenn er jungen Theologiestudierenden sagt:[59]

> „Wer Theologie studiert [...] möge sich genau daraufhin beobachten, ob er nicht zunehmend in der dritten statt in der zweiten Person denkt. Sie wissen, was ich damit meine. Dieser Übergang von der einen auf

die andere Denkebene, vom persönlichen Verhältnis zu Gott in die bloß sachliche Beziehung, pflegt genau synchronisiert zu sein damit, dass ich das Wort der Heiligen Schrift nicht mehr als ein Wort an mich, sondern nur noch als Gegenstand der exegetischen Bemühungen lesen kann."

2. Doch Bubers Unterscheidung zwischen zwei Glaubensweisen geht noch tiefer. Er sieht im christlichen Glauben den Gedanken, dass durch den Glauben etwas erwirkt werden kann. Buber bezieht sich dabei unter anderem auf den Satz „Für den, der glaubt, ist alles möglich" (Markus 9,23) und kommentiert, dass der Gedanke, durch Glauben etwas zu „vermögen", ein griechisches und nicht ein hebräisches Konzept sei. Der christliche Glaube sei eben griechisch-hellenistisch und nicht hebräisch geprägt.[60]

Gehen wir einmal für einen Moment davon aus, dass Bubers Deutung solcher Stellen des Neuen Testaments korrekt ist. Dann ist der christliche Glaube in seinem tiefsten Wesen ein Leistungsglaube. Durch meinen Glauben „vermag" ich etwas. Der Glaube „bewirkt" etwas.

Interessant und herausfordernd ist dabei, dass Buber gewissermaßen eine Umkehrung einer üblichen christlichen Deutung vornimmt. Christen haben nämlich oft behauptet, der jüdische Glaube sei eine Leistungsreligion, während im christlichen Glauben alles Gnade sei. Umgekehrt sagt nun Buber, dass der christliche Glaube zu einem Leistungsdenken tendiere, das dem hebräischen Glauben komplett fremd sei.

Auch diese Diskussion kann ich hier nicht voll entfalten. Eines ist auf jeden Fall klar: Die christlichen Bibelwissenschaften haben das Klischee einer alttestamentlichen Gesetzesreligion in den letzten 50 Jahren grundlegend revidiert und sich von dieser Negativfolie verabschiedet. Gleichzeitig gehört es jedoch zu den fundamentalen Aussagen des christlichen Glaubens, dass Gottes Zuwendung dem Menschen voraussetzungslos und bedingungslos gilt. Wenn es ums Heil geht, ist kein Raum für menschliche Leistungen und Verdienste.

Auch hier betätigt Buber durch seine Wahrnehmung des christlichen Glaubens gewissermaßen eine Alarmglocke. Kann es sein, dass sich im Christentum immer wieder, sozusagen durch die Hintertür, Leistungsdenken einschleicht? Glaube als Leistung, Bekehrung als menschliche Tat, religiöse Praktiken als Verdienste?

Es mag paradox klingen, aber in der Person von Martin Buber werden wir als Christen von einem Juden an die Gnade erinnert! Das sollte uns zu denken geben. Doch das ist noch nicht alles. Die Pointe von Martin Bubers Aussagen zu den zwei Glaubensweisen kommt erst noch.

3. Ich höre in Bubers Ausführungen eine dritte kritische Anfrage. Sie ist verbunden mit seinem Verständnis der *Einheit* und der *Ganzheit* des Menschen. Damit meint Buber die Einheit von Sein und Handeln, von Worten und Taten, von Denken und Handeln, von Vertrauen und Gehorsam. Im hebräischen Verständnis, so Buber, kann Vertrauen überhaupt nur im Vollzug zum Ausdruck kommen. Vertrauen ist kein Akt des Verstandes, der dem Handeln vorgeordnet wäre. Vertrauen vollzieht sich im vertrauensvollen Handeln. Dem gegenüber sieht Buber im griechisch gefärbten Glaubensverständnis des Christentums eben gerade eine solche dem Handeln vorgeordnete kognitive Form von Glauben. Schon die Frage nach den Konsequenzen des Glaubens, oder die Forderung eines dem Glauben entsprechenden Lebens, weisen auf eine ganz und gar nicht-hebräische Trennung von Glauben und Handeln hin. Das klingt so, als ob man zwar glauben könnte und sich dann in einem zweiten Schritt überlegen, ob man sein Leben jetzt ent-

sprechend gestalten wolle. Ich höre Buber sagen: Wenn du dein Leben nicht entsprechend gestaltest, glaubst du gar nicht. Glauben und entsprechendes Handeln können nicht getrennt werden.

Um Bubers Anliegen zu verstehen, lohnt es sich, auf eine etwas längere Passage in seinem Vortrag „Die Lehre und die Tat“ (1934) zu hören:[61]

> „Damit ist schon gesagt, dass die Lehre bei uns untrennbar an die Tat gebunden ist. Hier, wenn irgendwo, geht es nicht an zu lehren und zu lernen ohne zu leben. Die Lehre darf nicht als eine Sammlung von Wissbarkeiten behandelt werden, sie will nicht so behandelt werden. Sie besteht in dem verantworteten *Leben* der Person oder sie besteht nicht. Die Lehre meint nicht sich selbst, will nicht sich selbst, sie meint und will die Tat, worunter natürlich kein ‚Aktivismus‘ zu verstehen ist, sondern das Leben in der Erfüllung, das Leben. Das nach dem wechselnden Vermögen seiner Stunde die Lehre gestaltet. Unter allen Völkern gibt es wohl keins, in dem wie in diesem die Weisheit ohne das unmittelbare Tatwissen keinen Sinn und keinen Bestand hat. Am deutlichsten wird das, wenn man den biblischen Chochma-Begriff[62] dem griechischen der Sophia[63] gegenüberstellt. Dieses ist auf ein für sich seiendes Erkennen, auf einen geschlossenen Bereich des Den-

> kens bezogen; der Chochma ist er fremd, ja, diese Abgrenzung einer selbständigen, eigengesetzlichen geistigen Sphäre bedeutet für sie die Verkennung des Sinns, die Verletzung des Zusammenhangs, die Abschnürung der Idee von der Wirklichkeit."

Buber sieht also einen grundsätzlichen Unterschied zwischen hebräischer und griechischer Weisheit – und das Christentum ist in seiner Wahrnehmung mehr griechisch als hebräisch geprägt. Im griechischen Denken ist Weisheit (*sophia*) eine Sache der Vernunft, des weisen Denkens. Ob der weisen Einsicht dann auch Taten folgen, ist eine andere Frage. Im hebräischen Denken (Weisheit als *hokhmah*) ist das Handeln mitgemeint. Wer weise ist, denkt nicht nur weise, er oder sie handelt weise. Deshalb können auch Lehre und Leben nicht getrennt werden, wie er weiter ausführt.

> „Ihr [der hebräischen Weisheit] ist höchstes Gebot die Einheit von Lehre und Leben, mit der allein erst wahrhaft wir die allumfassende Einheit Gottes anerkennen und bekennen. Gegen ihn als den Geber und Sinngeber des Daseins vergeht sich nach unserem Glauben die Lehre, die an sich selbst Genüge findet."

Wer also Lehre und Leben auseinanderreißt, macht nicht nur einen pädagogischen Fehler, er oder sie vergeht sich gegen Gott, dessen Wesen Einheit ist.

So hält Buber von monumentalen Lehrgebäuden gar nichts, die sich nicht im verantwortungsvollen Leben inmitten der Herausforderungen der konkreten Situation bewähren. Diese unauflösliche Verbindung von Lehre und Leben sieht er in den grundlegenden Texten des hebräischen Glaubens begründet:

> „Darum wird an der Weisung (Deuteronomium 5,1), die Gesetze und Rechtsgeheiße zu ‚lernen', die Aufgabe gefügt, sie zu ‚tun': sie geistig zu besitzen gewinnt seinen Wert erst, wenn und insofern es als herrschender Tatantrieb in der Wirklichkeit steht. Ein talmudisches Wort (Jewamot 109) bemerkt dazu: ‚Wer immer sagt, bei ihm gelte nichts als die Lehre, ... bei dem gilt auch die Lehre nicht.' Den Geist kann man rechtmässig nicht *haben*, man kann ihn rechtmäßig nur *leben*."

Auch an diesem Punkt möchte ich mich von Buber herausfordern lassen. Wenn wir Jesus nachfolgen wollen, ist doch genau das der springende Punkt: Nachfolge ist nicht ein Konzept des Kopfes oder der Gefühle, sondern eine Art der

Lebensgestaltung. Da ist die Bergpredigt doch sehr klar! Ein Glaube, der sich in richtigen Lehrsätzen oder frommen Gefühlen erschöpft, ist nicht der Glaube, von dem Jesus spricht.

4. Und noch eine letzte Anfrage von Buber: Er äußert sich gelegentlich auch kritisch gegenüber einem Christentum, dem es immer nur um das Seelenheil gehe. Im Originalton klingt seine Kritik so:

> „Wer sich unablässig damit peinigt, dass er noch nicht hinreichend Buße getan habe, dem ist es wesentlich um das Heil seiner Seele, also um sein persönliches Los in der Ewigkeit zu tun. Der Chassidismus zieht nun eine Folgerung aus der Lehre des Judentums überhaupt, wenn er diese Zielsetzung ablehnt. Dies ist ja einer der Hauptpunkte, an denen sich das Christentum vom Judentum geschieden hat: dass es für jeden Menschen sein eigenes Seelenheil zum höchsten Ziele machte. Für das Judentum ist jede menschliche Seele ein dienendes Glied in der Schöpfung Gottes, die durch das Werk des Menschen zum Reiche Gottes werden soll; so ist denn keiner Seele ein Ziel in ihr selbst, in ihrem eigenen Heil gesetzt. Wohl soll jede sich erkennen, sich läutern, sich vollenden, aber nicht um ihrer selber willen, wie nicht

um ihres irdischen Glücks, so auch nicht um ihrer himmlischen Seligkeit willen, sondern um des Werkes willen, das sie an der Welt Gottes vollbringen soll. Man soll sich vergessen und die Welt im Sinne haben."

Und Buber setzt gleich noch einen obendrauf, wenn er sagt: „Das Abzielen auf das eigene Seelenheil gilt hier nur als die sublimste Gestalt des Abzielens auf sich selbst."

Bubers Kritik trifft wohl manche Strömungen der Christenheit, aber sicher nicht Jesus und das Neue Testament. Heilsegoismus hat auch im Christentum keinen Platz. Eine christliche Frömmigkeit, die sich immer nur um das eigene Heil und die eigene Gottesbeziehung dreht, hat nicht verstanden, worum es Jesus geht.

Wir hören von Martin Buber also eine vierfache Herausforderung an das Christentum:

- Bedeutet Glaube lediglich das Fürwahrhalten von Tatsachen (Ich-Es-Beziehung) oder geht es um Vertrauen (Ich-Du-Beziehung)?
- Ist Glaube eine Leistung, die ich erbringe, um etwas zu erwirken, oder schlicht und einfach eine unverdiente und bedingungslose vertrauensvolle Beziehung?

- Tendieren wir dazu, Glauben und Handeln auseinanderzureißen in zwei separate, aufeinander folgende Akte, oder vollzieht sich das Vertrauen im Handeln?
- Ist unser (christlicher) Glaube zu sehr auf uns selbst, auf das Individuum und sein Heil fixiert?

7.

„DER WEG DES MENSCHEN“

Eine der eindrücklichsten Beschreibungen der Schritte zum Menschsein legte Martin Buber 1948 in der Schrift *Der Weg des Menschen* vor.[64] Nach zwei Weltkriegen und in der Gründungsphase des Staates Israel bewegte ihn die Frage, wie es gelingen kann, eine Gesellschaft zu gestalten, die im „hebräischen Humanismus“ verwurzelt ist, den wir bereits kennengelernt haben. Buber hatte sich zu diesem Zeitpunkt der Volksbildung verschrieben mit dem Ziel, dazu beizutragen, Menschen in einer Art und Weise durch Bildung zu fördern, dass sie wahre Menschen werden. Er war davon überzeugt, dass Menschen die Grundsubstanz einer Gesellschaft bilden, nicht Strukturen und Regulierungen. Deshalb sah er seinen Auftrag darin, durch Bildung zur Gestaltung der Gesellschaft beizutragen.

In diesem Text beschreibt Buber den Weg des Menschen in sechs Stationen. Jeden Abschnitt beginnt er mit einer chassidischen Geschichte. Diese Geschichten sind nicht immer einfach zu verstehen, und Bubers Interpretationen wirken manchmal recht eigenwillig. Es lohnt sich aber, sich auf die chassidischen Erzählungen und auf Bubers weise Deutungen einzulassen.

Bubers erste chassidische Geschichte erzählt von einem Rabbi in einer osteuropäischen Stadt, der verleumdet wurde und ungerechterweise im Gefängnis sitzt. Ein hoher Beamter besucht ihn in der Zelle. Wie so oft entspinnt sich ein kritisches Gespräch, in dem der Beamte den in seinen Augen naiven Glauben des Juden herausfordert. Schließlich fragt er: „Wie ist es zu verstehen, dass Gott, der Allwissende, zu Adam spricht: ‚Wo bist du?'"

Der Rabbi geht auf die Ironie der Frage gar nicht ein, sondern antwortet: „Nun wohl […] in jeder Zeit ruft Gott jeden Menschen an: ‚Wo bist du in deiner Welt? So viele Jahre und Tage von den dir zugemessenen sind vergangen, wie weit bist du derweilen in deiner Welt gekommen?'"

Der Beamte ist erschüttert. Er realisiert, dass seine Fangfrage durchschaut ist und dass er sich selber der Anfrage durch Gott nicht entziehen kann.

Martin Buber kommentiert diese Szene wie folgt:

> „Wenn Gott so fragt, will er von Menschen nicht etwas erfahren, was er noch nicht weiß, er will im Menschen etwas bewirken, was eben nur durch eine solche Frage bewirkt wird, vorausgesetzt, dass sie den Menschen ins Herz trifft, dass der Mensch sich von ihr ins Herz treffen lässt."

In der Folge beschreibt Buber den Weg des Menschen, den er gehen muss, um ganz Mensch zu werden. Das ist ja Bubers Grundphilosophie, dass der Mensch nicht *vom* Menschsein erlöst, sondern *zum* Menschsein befreit werden soll. Dazu muss er zu seiner göttlichen Bestimmung als Geschöpf finden (Gottesebenbildlichkeit). Den Weg dahin beschreibt er in sechs Stationen:

1. Station: Selbstbesinnung

Der Weg zur Menschwerdung beginnt mit der Anrede durch Gott – so wie in der chassidischen Erzählung: Mensch, wo bist du? Wo bist du auf dem Lebensweg? Wohin hast du dich auf deiner Lebensreise manövriert?

Martin Buber formuliert es so: „Die entscheidende Selbstbesinnung ist der Beginn des Weges im Leben des Menschen, immer wieder der Beginn des menschlichen Weges."

Buber warnt aber gleich und weist darauf hin, dass es auch eine „unfruchtbare Selbstbesinnung" gibt, die zu „Selbstquälerei, Verzweiflung und noch tieferer Verstrickung" führt. Buber spricht gar von einer dämonischen Scheinfrage:

> „Sie ist daran zu erkennen, dass sie nicht bei dem ‚Wo bist du?' innehält, sondern fortfährt: ‚Von da heraus, wo du hingeraten bist, führt kein Weg mehr.'"

Das sieht Martin Buber anders – wenn der Mensch auf den Anruf Gottes antwortet, eröffnen sich neue Wege. Deshalb sagt er: „Alles kommt nun darauf an, ob der Mensch sich der Frage stellt."

Mit einem anderen rabbinischen Weisheitswort rundet Buber den Gedanken ab: „Betrachte drei Dinge: wisse, woher du kamst und wohin du gehst und vor wem du dich zu verantworten hast."

Zu solcher Selbstbesinnung auf dem Weg zur Menschwerdung lädt uns Buber ein.

2. Station: Der besondere Weg

Nun geht es Buber darum, dass jeder Mensch seinen eigenen Weg findet, denn wir sind alle Originale, nicht Kopien. Er beginnt auch diesen Abschnitt mit einer chassidischen Geschichte. Hier kommt ein Jude zum Rabbi und bittet: „Weiset mir einen allgemeinen Weg zum Dienste Gottes!" Der weise Lehrer antwortet:

> „Es geht nicht an, dem Menschen zu sagen, welchen Weg er gehen soll. Denn da ist ein Weg, Gott zu dienen durch Lehre, und da durch Gebet, da durch Fasten und da durch Essen. Jedermann soll wohl achten, zu welchem Weg ihn sein Herz zieht, und dann soll er sich diesen mit ganzer Kraft erwählen."

Buber geht es um die Originalität jedes einzelnen Lebens. Das drückt er so aus: „Mit jedem Menschen ist etwas Neues in die Welt gesetzt, was es noch nicht gegeben hat, etwas Erstes und Einziges."

Und etwas später fügt er hinzu:

„Dieses Einzige und Einmalige ist es, was jedem vor allem auszubilden und ins Werk zu setzen aufgetragen ist, nicht aber, noch einmal zu tun, was ein anderer, und sei es der Größte, schon verwirklicht hat."

Rabbi Susja soll gesagt haben – so Buber: „In der kommenden Welt wird man mich nicht fragen: ‚Warum bist du nicht Mose gewesen?' Man wird mich fragen: ‚Warum bist du nicht Susja gewesen?'"

Deshalb gilt nach Buber:

„Hier kann, wie gesagt, nur irreführen, wenn einer darauf schaut, wie weit es ein anderer gebracht hat, und es ihm nachzutun trachtet; denn dabei entgeht ihm eben, wozu er und nur er allein berufen ist."

Buber lädt uns als Zweites ein, unsere spezifische Lebensberufung zu finden und nicht beim Kopieren anderer stecken zu bleiben.

3. Station: Entschlossenheit

Hier beginnt Buber mit einer merkwürdigen chassidischen Erzählung: Ein frommer Jude

> „fastete einmal von Sabbat zu Sabbat. Am Freitagnachmittag überkam ihn ein so grausamer Durst, dass er meinte, sterben zu müssen. Da erblickte er einen Brunnen, ging hin und wollte trinken. Aber sogleich besann er sich, um einer kleinen Stunde willen, die er noch zu ertragen hätte, würde er das ganze Werk dieser Woche vernichten. Er trank nicht und entfernte sich vom Brunnen. Stolz flog ihn an, dass er die schwere Probe bestanden habe. Wie er dessen inne ward, sprach er zu sich: ‚Besser, ich gehe hin und trinke, als dass mein Herz dem Hochmut verfällt.' Er kehrte um und trat an den Brunnen. Schon wollte er sich darüber neigen, um Wasser zu schöpfen, da merkte er, dass der Durst von ihm gewichen war."

Als der fromme Jude später seinem Rabbi davon erzählte, sagt dieser lediglich „Flickarbeit". Was ist an dem Verhalten des frommen Juden „Flickarbeit"?

Buber gesteht, dass ihm diese Erzählung ungerecht schien, als er sie in seiner Jugend zum ersten Mal hörte. Ist der Meister nicht zu hart mit seinem Schüler? Erst später, sagt Buber, sei ihm aufgegangen, dass es nicht darum gehe, den jungen Mann für sein inneres Ringen zu schelten. Vielmehr wolle der Meister darauf hinweisen, dass er seine Tat nicht aus „geeinter Seele“ unternommen habe – aus einem Guss, wie Buber das nennt. Nur eine innere Klärung der Motive, Absichten und Ziele kann die Seele so einen, dass sie zu klaren Taten leitet und nicht zu einem „Zickzackcharakter des Tuns“ führt.

Buber attestiert dem jungen Mann, dass er aus falschen Motiven fasten wollte, nämlich um eine „höhere Stufe der Seele“ zu erlangen. Askese als geistliche Leistung soll den Menschen voranbringen. Ein solcher Weg musste scheitern. Es fehlte an innerer Klärung. Widersprüchliche Motive und Ziele zerreißen die Seele. Nur eine „geeinte Seele“, das heißt die innere Klärung, kann zu einer Entschlossenheit führen, aus der dann auch eine konsequente Tat erwachsen kann. So wird das ganze Leben aus „einem Guss“.

Buber glaubt, dass der Mensch den „vielfältigen, komplizierten, widerspruchsvollen“ Kräften in seiner Seele nicht ausgeliefert ist. Seine Überzeugung lautet:

> „Das Innerste dieser Seele, die Gotteskraft in ihrer Tiefe vermag auf sie einzuwirken, sie zu ändern, die einander befehdenden Kräfte aneinanderzubinden, die auseinander strebenden Elemente ineinanderzuschmelzen, es vermag sie zu einen.“

Bubers Gedanke ist vielleicht nicht einfach zu verstehen. Ich kann allerdings nachvollziehen, dass unser Leben einer Zickzack-Fahrt gleicht, wenn es an innerer Klärung und Orientierung fehlt.

An dieser dritten Station auf dem Weg zum Menschsein lädt uns Buber ein, unsere inneren Motive, Wünsche und Bestrebungen wahrzunehmen und in der Begegnung mit Gott nach Klärung in der Tiefe unserer Seele zu suchen.

4. Station: Bei sich beginnen

Auch hier zuerst eine chassidische Erzählung. Einige befreundete Rabbis sitzen zusammen und sprechen über die weise Führung eines Haushalts in der Großfamilie. Wie soll man das Zusammenleben von Mann und Frau, Kindern und Dienern segensvoll leiten und gestalten? Wer ist dafür verantwortlich, dass das Miteinander gelingt? Einer der Rabbis erzählt aus seinem eigenen Leben:

> „In meiner Jugend nämlich hatte ich große Bedrängnis von meinem Weibe, und ob auch ich selbst es tragen mochte, so erbarmte ich mich doch des Gesindes. Darum fuhr ich zu meinem Lehrer, Rabbi David von Lelow, und befragte ihn, ob ich meinem Weibe entgegentreten solle."

Der arme Kerl, der bei einem weisen Mann Rat holen will, bekommt Folgendes zu hören: „Was redest du zu mir? Rede zu dir selber!" Wie oft in diesen Geschichten ist der Fragende durch die Antwort erst einmal irritiert, versteht dann aber später die Botschaft sehr wohl. Zur Einsicht kommt er durch ein anderes Gespräch mit einem anderen Rabbi, der ihm erschließt, dass die Personen in seinem Haushalt mit ihren je anderen Gedanken, Worten und Handlungsweisen lediglich ein Abbild seiner eigenen inneren Welt sind, und diese eigene innere Welt gelte es als erste zu klären. „Da verstand ich, was mein Lehrer gemeint hatte: dass alles an mir selber hangt."

Auch hier liegt der Sinn der Erzählung nicht gleich auf der Hand. Buber geht es um den Umgang mit Konflikten, und er sieht den Schlüssel zur Geschichte in der bildhaften Deutung am Ende. In Konfliktsituationen sind viele „Mitspieler" involviert – wir selber und eine Anzahl „externer". In der Geschichte ist es ein Großhaushalt: der Hausherr, seine Frau, die Kinder und das Gesinde.

Die Szene des Beziehungsgeflechts im Haushalt ist – so Buber – jedoch lediglich ein Bild für unser Innenleben. Und da muss der Mensch beginnen – in seiner eigenen Seele. Das klingt dann so:

> „Der Mensch soll zuerst selbst erkennen, dass die Konfliktsituationen zwischen ihm und den andern nur Auswirkungen der Konfliktsituationen in seiner eigenen Seele sind, und dann soll er diesen seinen inneren Konflikt zu überwinden suchen, um nunmehr als ein Gewandelter, Befriedeter zu seinen Mitmenschen auszugehen und neue, gewandelte Beziehungen zu ihnen einzugehen."

Buber will sagen: Der Mensch muss auf seinem Weg lernen, selber Verantwortung zu übernehmen, bei sich selber zu beginnen und nicht zu erwarten, dass die externen Faktoren sich ändern müssen, damit das Problem gelöst wird.

Heute würden wir vielleicht sagen: Wir müssen das Problem „systemisch" angehen. Ich muss meine Rolle im System wahrnehmen. Bei mir kann ich anfangen. Bei mir kann ich etwas ändern. Veränderungen beginnen bei mir.

Deshalb lautet auch für uns die Herausforderung der vierten Station auf dem Weg zur Menschwerdung: Beginne bei dir selbst und versuche nicht, die anderen zu ändern.

5. Station: Sich mit sich *nicht* befassen

Martin Buber räumt gleich zu Beginn dieses Kapitel ein, dass das wohl wie ein Widerspruch zu Station vier klingen mag. Zuerst soll man sich mit sich befassen – und dann doch wieder nicht. Was meint er damit?

Die einleitende Geschichte erzählt von einem älter werdenden Rabbi, der einen befreundeten Rabbi aufsucht und bekennt, was sein „Herz peinigt". Er sagt: „Seht, Haupt- und Barthaar sind mir weiß geworden, und noch habe ich nicht Buße getan!" Zur Antwort erhält er überraschend: „Ach … Ihr habt nur euch im Sinn. Vergesst euch und habt die Welt im Sinn!"

Was ist denn am Bekenntnis des alten Mannes falsch? Warum soll sich der ehrliche Mann „der Welt" zuwenden, anstatt sein Leben zu betrachten und über vergangenes Fehlverhalten Buße tun? Buber erklärt: Es ist nicht falsch, sich auf sich selbst zu besinnen, aber man muss fragen „Wozu"?

> „Wozu soll ich mich auf mich selbst besinnen, wozu meinen besondern Weg erwählen, wozu mein Wesen zur Einheit bringen? Die Antwort lautet: Nicht um meinetwillen. Darum hieß es auch das vorigemal: bei sich selbst beginnen. Bei sich beginnen, aber

> nicht bei sich enden; von sich ausgehen, aber nicht auf sich abzielen; sich erfassen, aber sich nicht mit sich befassen."

Die Selbstbesinnung kann Selbstzweck werden und das ist nicht das Ziel der Sache. Buber schlussfolgert deshalb:

> „Du sollst dich nicht immerzu mit dem quälen, was du falsch gemacht hast, sondern die Seelenkraft, die du auf solche Selbstvorwürfe verwendest, sollst du der Tätigkeit an der Welt zuwenden, für die du bestimmt bist. Nicht mit dir sollst du dich befassen, sondern mit der Welt."

Mit Seitenblick auf die Christen, denen es oft lediglich um das Seelenheil geht, unterscheidet Buber – mit Verweis auf Rabbi Bunam – im Hinblick auf die Erlösung zwischen zwei Menschenarten,

> „dem Hochmütigen, der, und sei es in der erhabensten Form, sich selbst meint, und dem Demütigen, der bei allem die Welt meint. Erst wenn der Hochmut sich der Demut beugt, wird er erlöst; und erst wenn er erlöst wird, kann die Welt erlöst werden."

Dass wir uns nicht (nur) mit uns und unserem Seelenheil befassen, sondern der Welt zuwenden, das ist für Buber die fünfte Station auf dem Weg der Menschwerdung.

6. Station: Hier, wo man steht

Und, wie könnte es anders sein, auch die letzte Station beginnt mit einer Geschichte – einer rabbinischen Weisheit, die ein Rabbi gerne jungen Leuten erzählt haben soll. Sie handelt von einem Rabbi namens Eisik, Sohn des Jekel von Krakau, dem wurde dreimal „im Traum befohlen […], in Prag unter der Brücke, die zum Königsschloss führt, nach einem Schatz zu suchen". Er macht sich auf nach Prag und erlebt dort Folgendes:

> „Aber an der Brücke standen Tag und Nacht Wachtposten, und er getraute sich nicht zu graben. Doch kam er an jedem Morgen zur Brücke und umkreiste sie bis zum Abend. Endlich fragte ihn der Hauptmann der Wache, auf sein Treiben aufmerksam geworden, freundlich, ob er hier etwas suche oder auf jemanden warte. Rabbi Eisik erzählte, welcher Traum ihn aus fernem Land hergeführt habe.

> Der Rabbi staunt dann nicht schlecht, als der Hauptmann ihm lachend antwortet: ‚Und da bist du, armer Kerl, mit deinen zerfetzten Sohlen einem Traum zu Gefallen hergepilgert! Ja, wer den Träumen traut!‘ Aber das ist nicht alles, was der Hauptmann sagt, er fügt nämlich hinzu: ‚Da hätte ich mich ja auch auf die Beine machen müssen, als es mir einmal im Traum befahl, nach Krakau zu wandern und in der Stube eines Juden, Eisik Sohn Jekels sollte er heißen, unterm Ofen nach einem Schatz zu graben.‘ Jetzt fällt der Groschen beim armen Rabbi Eisik. Er geht nach Hause und gräbt den Schatz im eigenen Haus aus.“

Buber kommentiert diese Geschichte mit einem Hinweis auf Rabbi Bunam, der diese Erzählung jeweils so gedeutet habe:

> „Merke dir diese Geschichte und nimm auf, was sie dir sagt: dass es etwas gibt, was du nirgends in der Welt, auch nicht beim Zaddik finden kannst, und dass es doch einen Ort gibt, wo du es finden kannst.“

Ergänzend fügt Buber dann selber hinzu:

> „Es gibt etwas, was man an einem einzigen Ort in der Welt finden kann. Es ist ein

> großer Schatz, man kann ihn die Erfüllung des Daseins nennen. Und der Ort, an dem dieser Schatz zu finden ist, ist der Ort, wo man steht."

Und noch einmal greift er auf eine jüdische Erzählung zurück, um den Punkt zu vertiefen. Von einem jüdischen Lehrmeister hieß es, dass seine Weisheit und Einsicht so tief gewesen sei, dass ihm die „Bahnen des Himmels" erhellt gewesen seien, wie die Straßen seiner Heimatstadt. Andere jüdische Weise haben den Gedanken umgedreht und gesagt:

> „[G]rößer ist es, wenn einem die Straßen der Heimatstadt erhellt sind wie die Bahnen des Himmels. Denn hier, wo wir stehen, gilt es, das verborgene göttliche Leben aufleuchten zu lassen."

Und sie fügten hinzu:

> „Und hätten wir Macht über die Enden der Erde, wir würden an erfülltem Dasein nicht erlangen, was uns die stille hingegebene Beziehung zur lebendigen Nähe geben kann. Und wüssten wir um die Geheimnisse der oberen Welten, wir hätten nicht so viel wirklichen Anteil am wahren Dasein, als wenn wir im Gang unseres Alltags ein uns oblie-

gendes Werk mit heiliger Intention verrichten. Unterm Herd unseres Hauses ist unser Schatz vergraben."

Buber schließt diese sechste Station mit dem bekannten Wort von Rabbi Mendel von Kozk: „Gott wohnt, wo man ihn einlässt." Und er fügt hinzu:

> „Das ist es, worauf es letzten Endes ankommt: Gott einlassen. Man kann ihn aber nur da einlassen, wo man steht, wo man wirklich steht, da, wo man lebt, wo man ein wahres Leben lebt. Pflegen wir heiligen Umgang mit der uns anvertrauten kleinen Welt, helfen wir, im Bezirk der Schöpfung, mit der wir leben, der heiligen Seelensubstanz zur Vollendung zu gelangen, dann stiften wir an diesem unserm Ort eine Stätte für Gottes Einwohnung, dann lassen wir Gott ein."

Das ist die sechste Herausforderung, die uns Buber auf dem Weg zum Menschsein mitgibt: Suche Gott nicht irgendwo, wo du denkst, dass es besser, geistlicher und heiliger sei, sondern da, wo du stehst und lebst.

8.

KREATIVITÄT UND FREIHEIT

Das Thema „Die Entfaltung der schöpferischen Kräfte im Kind" könnte gut und gerne das Thema einer Tagung in der Gegenwart sein. Unter diesem Titel fand jedoch 1925 die dritte *Internationale Pädagogische Konferenz* in Heidelberg statt, an der Martin Buber den Hauptvortrag hielt.[65] Eingeladen zur Tagung hatte der *Internationale Arbeitskreis für Erneuerung und Erziehung (New Education Fellowship)*, eine reformpädagogische Bewegung, die ganz im Geiste des Humanismus darauf ausgerichtet war und ist, junge Menschen so zu erziehen, dass sie in Zukunft in Frieden zusammenleben und nicht erneut Kriege anzetteln würden. Grundlage ist ein positives und optimistisches Menschenbild, das ein Kommentator der Konferenz von 1925 so beschrieben hat:[66]

> „Sie glaubt [die neue Schule] an das Gute im Menschen, und sie geht vom Kinde aus. Sie will die schöpferischen Kräfte, die in jedem vorhanden sind und die meist nur durch Milieu und falsche Erziehung verschüttet sind, erwecken und ausbilden. Sie sieht in den meisten Vergehen Störungen, die beseitigt werden können und denen vorgebeugt werden kann."

Diese Vision von Schule steht bewusst im Kontrast zur „alten Schule", in der die junge Generation durch Zucht und Zwang im Auftrag des Staatswesens zu neuem Militarismus erzogen wird.[67]

In diesen Kontext hinein eröffnete Martin Buber nun also vor 500 Teilnehmenden die Tagung mit seinem Vortrag unter dem Titel „Freiheit und Erziehung"[68] – und er beginnt gleich mit einer Provokation:[69]

> „‚Die Entfaltung der schöpferischen Kräfte im Kinde' – das ist der Gegenstand, über den auf dieser Tagung geredet werden soll. Zu ihrem Eingeleit vor Sie tretend, darf ich Ihnen nicht für einen Augenblick verschweigen, dass ich von den sieben Worten, in denen er ausgedrückt ist, nur die zwei letzten unfragwürdig finde."

Buber macht dann auch schnell klar, weshalb er die Formulierung „Die Entfaltung der schöpferischen Kräfte“ fragwürdig findet. Seine These lautet: „Schöpfertum bedeutet ursprünglich nur den göttlichen Anruf an das im Nichtsein verborgene Wesen.“[70] Mit anderen Worten: „Schöpfer“ im ursprünglichen Sinn ist nur Gott, und jeder Versuch, im Rahmen eines Humanismus, der Gott los geworden ist, das Schöpferische im Menschen zur Entfaltung zu bringen, greift zu kurz. Solche Bemühungen verkennen die eigentliche Quelle aller Kreativität und sie überschätzen den Menschen.

Wie mit einer Klammer schließt Buber dann seinen Vortrag mit den Worten:

> „Der Mensch, das Geschöpf, welches Geschaffenes gestaltet und umgestaltet, kann nicht schaffen. Aber er kann, jeder kann sich und kann andere dem Schöpferischen öffnen. Und er kann den Schöpfer anrufen, dass er sein Ebenbild rette und vollende.“

Innerhalb dieser Klammer der Gottesbeziehung entfaltet Buber nun seine durchaus weltzugewandte Pädagogik. Es geht ihm weder um einen gottlosen Humanismus noch um eine weltlose Spiritualität, sondern eben vielmehr um einen

„hebräischen Humanismus", der in der Bibel verwurzelten ist. Konkret klingt das dann so:

Buber erkennt im Menschen durchaus eine Schaffenskraft – er nennt sie „Urhebertrieb" – die darauf aus ist, dass durch die „eigene Handlung etwas entsteht".[71] Dieser Urhebertrieb soll tatsächlich freigesetzt und zur Entfaltung gebracht werden, aber man muss genauso seine Begrenzungen kennen. „Der Mensch als Urheber ist einsam", sagt Buber.[72] Die Schaffenskraft des Menschen führt den Menschen in die Welt der Produkte, der hergestellten Sachgegenstände, aber nicht in Beziehungen, in Gemeinschaft. Der Mensch ist nicht nur ein produktives Wesen, er ist ebenso ein Beziehungswesen.

Es reicht deshalb nicht, wenn Erziehende in den ihnen Anvertrauten die Kreativität, die Schaffenskraft, den Trieb der Produktivität freisetzen, sie müssen Kinder und Jugendliche ebenso ins Teilsein, Teilhaben und Teilnehmen hinein *führen*.[73] Mit anderen Worten: Es reicht nicht, den im Menschen angelegten Kräften zur Entfaltung zu verhelfen, diese Kräfte müssen auch in die richtige Richtung geleitet werden.

„Werkhaftes Tun", das heißt reine Produktivität, so Buber, ist ein „einseitiger" Vorgang, der letztlich stolz macht. Teilsein, Teilhaben und Teilnehmen ist jedoch gemeinschaftlich und macht demütig.

In diese gemeinschaftliche Dimension des Menschseins hinein wird ein Mensch aber nicht aus sich selbst und nicht durch Belehrung geführt, sondern durch gelebte Beziehungen. Erziehende sind deshalb herausgefordert, zu denen, die sie erziehen, in echte Beziehung zu treten; ihnen jenseits der erschaffenen Produkte „Gefährte, Freund, Liebender zu sein".[74]

Die „Entfaltung der schöpferischen Kräfte" im Menschen, wie sie von einer humanistischen Pädagogik gefordert wird, ist nun aber aufs Engste mit Befreiung und Freiheit verbunden. „Emanzipation" wurde im Zuge von Aufklärung und neuerem Humanismus zu einem Schlüsselbegriff. Von allen Kräften, die ihn gebunden halten und seine freie Entwicklung hindern, soll der Mensch befreit werden, ja er soll sich selber befreien – von Traditionen und Autoritäten, von Patriarchat und Monarchie, von Kirche und Gott.

In diese Bestrebungen hinein spricht Buber nun auch das Thema Freiheit aus der Perspektive eines „hebräischen Humanismus" an.[75] Um es gleich vorweg zu sagen: Für Buber ist die „Freimachung von Kräften", die unsere Menschwerdung hindern, von großer Bedeutung. Doch er kritisiert und korrigiert das aufklärerische Freiheitsideal. Mit einer Vielzahl von Bildern umschreibt er die Leistungsfähigkeit und die Grenzen der Freiheit. Freiheit vermag „den Boden herzugeben“, auf dem sich das „wahre Leben“ errichten lässt, sie taugt jedoch nicht als Fundament. Sie gibt Raum für das „Werdenkönnen“, aber sie schafft nicht das „Werden“. Sie ist ein Steg von der Abhängigkeit in die Unabhängigkeit, aber sie ist kein Wohnraum. Sie ist wie ein Sprungbrett, aber sie ist nicht das Ziel. So kann er zusammenfassend die Spitzensätze formulieren: „Ich bin ihr [der Freiheit] zugetan, ich bin allzeit bereit, um sie mitzukämpfen. […] Ich liebe die Freiheit, aber ich glaube nicht an sie“. Und er begründet sogleich: „Wie könnte man an sie glauben, wenn man ihr ins Gesicht gesehen hat! Es ist der Blitz der Alldeutigkeit – der Allmöglichkeit.“

Und dann weist Buber auf ein Missverständnis hin: Wir denken oft, dass Freiheit der Gegenpol von Zwang sei. Das ist ein Irrtum. Der Gegenpol von Zwang – so Buber – ist „Verbundenheit“. Erziehung zur Freiheit darf deshalb nicht in die Ablösung von allem führen, sozusagen in die unverbundene Isolation. Erziehung zur Freiheit führt vielmehr in die richtige Beziehung zu allem – dem Schicksal, der Natur, den Menschen.

Wer alleine auf Befreiung und Freiheit setzt, macht sich auf eine Reise ohne Kompass, so Buber. Bildung braucht jedoch ein Bild, auf das hin der Bildungsprozess gestaltet wird. Freiheit taugt nicht als Zielvorgabe der Bildung. Was soll denn aber als Zielbild der Bildung taugen, wenn alle Bildungsideale gescheitert sind? Bubers Antwort lautet kurz und konkret: „Nichts anderes mehr als das Ebenbild Gottes."[76] Ein freier Mensch ist deshalb ein Mensch, der den Ruf des Schöpfers hört, darauf antwortet und so zu einem verantwortlichen Menschen wird.[77]

Es ist Zeit, den anspruchsvollen Gedankengang von Buber zusammenzufassen und zu unserem Leben in Beziehung zu setzen. Buber würdigt die Bestrebungen der „neuen Pädagogik", die im Gegensatz zur „alten Pädagogik" den Menschen nicht mehr von außen gewaltsam prägen, sondern ihm zur Verwirklichung der in ihm angelegten Möglichkeiten verhelfen will. Gleichzeitig entlarvt er das aufklärerische Erziehungsideal, das den Menschen von allen Bindungen befreien will, um so den in ihm schlummernden schöpferischen Kräften zur vollen Entfaltung zu verhelfen.

Dabei entlarvt er das ungebrochene Vertrauen in die schöpferischen Kräfte im Menschen als Irrweg, der den Menschen in die Einsamkeit, ja letztlich in gottlose Selbstüberschätzung als Schöpfer seiner selbst führt. Und er entlarvt ein Freiheitsstreben, das sich aller Bindungen entledigen will, als Irrweg, den er als eine „halsbrecherische" Reise ohne Kompass bezeichnet.

Gleichzeitig reiht sich Buber mit all denjenigen ein, die nach Befreiung von lebenszerstörerischen Zwängen und Unterdrückungen streben. Er sieht die Lösung aber nicht im Niemandsland unbegrenzter und orientierungsloser Freiheit, sondern in der Bindung des Menschen an seinen Schöpfer und in der verantwortlichen Verbundenheit mit der Schöpfung.

Ich schließe dieses Kapitel mit zwei berühmt gewordenen Bildern, die Buber in dieser Rede gebraucht hat: Wir brauchen, so Buber, weder eine Pädagogik, die den Menschen, wie mit einem *Trichter* von außen das Richtige und Wahre eintrichtert, noch eine Pädagogik, die wie mit einer *Pumpe* das Gute, das im Mensch angelegt ist, herauspumpen will. Eine Pädagogik, die einem „hebräischen Humanismus" entspringt, wird den Menschen in die Realitäten der Welt und „vor das Angesicht Gottes […] stellen."[78] In Beziehung zum Schöpfer und zur Welt werden die im Menschen angelegten Kräfte verantwortungsvoll entfaltet. Damit das möglich wird, muss der Mensch freilich von allen Kräften und Mächten, die seiner Menschwerdung im Wege stehen, befreit werden.

Martin Buber weist uns einen Weg der Erziehung und der Bildung, der jenseits autoritärer und antiautoritärer Extreme liegt. „Freiheit" ist weder ein Unwort noch ein Heilswort – es ist aber die Brücke, über die wir notwendigerweise gehen müssen, wenn wir vom Land der Vermassung und des Kollektivismus ins Land der Beziehungen und der Verbundenheit gelangen wollen. Das ist das Land des wahren Lebens.

9.

GESUCHT: MENSCHEN MIT CHARAKTER

Was braucht es, damit eine blühende Gesellschaft entsteht? Wie können Menschen herangebildet werden, die in der Lage sind, eine gesunde Nation aufzubauen? Wie kann das Zusammenleben der Menschen in Gesellschaften und Staaten gelingen? Diese Fragen stellten sich viele Juden an der Wende vom 19. zum 20. Jahrhundert, als sie begannen, sich unter der Führung von Theodor Herzl den alten Traum eines jüdischen Nationalstaates auf dem Terrain des historischen Israel zu verwirklichen. 1898 schloss sich auch der damals 20-jährige jüdische Student Martin Buber der zionistischen Bewegung an. Buber wurde allerdings gegenüber den politischen und zunehmend nationalistischer werdenden Strömungen im Zionismus immer skeptischer. Er war überzeugt, dass eine „Renaissance“ (Wiedergeburt!) des Judentums mehr als Land, Nation und Politik brauchen würde. Ohne eine „jüdisch-geistige Renaissance“, ohne geistliche Identität und Charakterbildung gab er dem zionistischen Projekt keine Chance. Schon bald nach der Jahrhundertwende distanzierte sich Buber zunehmend von Herzls zionistischer Bewegung. Die Vision einer Renaissance des jüdischen Volkes blieb ihm aber ein Herzensanliegen.

Buber war davon überzeugt, dass eine nachhaltig tragfähige jüdische Identität nur in der Wiederentdeckung der religiösen Wurzeln des Judentums gefunden werden könne. In diesem Zusammenhang begann er vom „hebräischen Humanismus“ zu sprechen.

Er war davon überzeugt, dass diese geistig-geistlichen Quellen im Judentum nur durch eine gezielte Bildungsarbeit fruchtbar werden könnten. In den folgenden Jahrzehnten investierte Buber deshalb einen Großteil seiner Energie in die Volksbildung, insbesondere in die Erwachsenenbildung – bis 1938 noch in Deutschland, dann unter den jüdischen Einwanderern in Palästina.

Im Jahr 1939 hielt Buber in Tel Aviv vor jüdischen Lehrern einen denkwürdigen Vortrag zum

Thema „Über Charaktererziehung".[79] Er beginnt seine Rede mit dem Satz:

> „Erziehung, die diesen Namen verdient, ist wesentlich Charaktererziehung. Denn der echte Erzieher hat nicht bloß einzelne Funktionen seines Zöglings im Auge wie der, der ihm lediglich bestimmte Kenntnisse oder Fertigkeiten beizubringen beabsichtigt, sondern es ist ihm jedesmal um den ganzen Menschen zu tun."

Buber ist davon überzeugt, dass es zum Aufbau einer Gesellschaft nicht reicht, lediglich Wissen zu vermitteln (Kenntnisse) oder Fertigkeiten einzuüben. Es braucht vielmehr die Charakterbildung des Menschen. Nicht, was Menschen wissen oder können, wird letztlich den tragfähigen Grund der Gesellschaft bilden, sondern was sie sind. Da geht es eben um Haltungen, Werte und Tugenden – zusammengenommen um den Charakter. Mit anderen Worten: Kopf und Hand reichen nicht, es braucht das Herz – die Mitte des Menschen.

Menschen mit Charakter sind für Buber Menschen, die sich nicht in der Masse mittreiben lassen, sondern bereit sind, persönlich „Verantwortung für Leben und Welt" zu übernehmen.[80]

Lehrende sollen deshalb in den Lernenden „den Mut wecken, das Leben wieder auf die eigenen Schultern zu nehmen“.[81] Menschen mit Charakter reifen über den Individualismus (jeder schaut nur für sich) und den Kollektivismus (mitlaufen in der Masse) hinaus zu einem verbindlichen Miteinander freier, aber verantwortlicher Personen.[82]

An anderer Stelle spricht er von Menschen, in denen sich Tugenden entwickeln von „Treue, zu Erprobung, zu Bewährung, zu Entscheidung, zu Verwirklichung“. Das sind Menschen, die die Wirklichkeit wahrnehmen und das Gute verwirklichen. Sie können zwischen Schein und Wirklichkeit unterscheiden, zwischen Scheinverwirklichung und Verwirklichung.[83]

Wie aber sieht für Buber eine charakterbildende Pädagogik aus?

Buber unterscheidet zwischen „Persönlichkeit“ und „Charakter“. Die Persönlichkeit, so Buber, liegt „im Wesentlichen außerhalb der Einwirkung des Erziehers“. Charakter jedoch wird durch Erziehung geformt. Da geht es um Haltungen und Handlungen, darum, dass sich ein Mensch der Wirklichkeit stellt und in seinem Leben sein Potenzial verantwortlich verwirklicht. Darum, dass der Mensch im Sinne eines hebräischen Humanismus sein Leben in Bezug zu Gott und zur Welt gestaltet.

Allerdings warnt Buber sogleich, „den Anteil, der dem Erzieher an der Entstehung eines Charakters gewährt wird, nicht zu überschätzen". Wo sieht Buber das Problem? Im Gegensatz zu Faktenwissen und Fertigkeiten des Denkens – er nennt das Beispiel Algebra – kann Charakter nicht durch eine direkte und explizite Vermittlung von Werten und Tugenden gebildet werden. Wer den Schülern erklärt, dass Neid schädlich sei, oder dass es unanständig sei, den Schwächeren zu schlagen, hat bestenfalls Sachwissen über Ethik vermittelt, aber noch keinen Charakter geformt.

Buber macht mit schon fast ironischem Unterton das folgende Beispiel:[84]

> „[I]ch versuche zu erklären, dass Lüge das Leben zerstört, und etwas Furchtbares geschieht: der schlimmste Gewohnheitslügner in meiner Klasse schreibt einen glänzenden Aufsatz über die Macht der Lüge."

Und Martin Buber zieht das ernüchternde Fazit:

> „Ich habe den fatalen Fehler begangen, Ethos zu *unterrichten*, und was ich sagte, wird als gangbare Kenntnismünze aufgenommen,

nichts davon verwandelt sich in Substanz, die den Charakter aufbaut."

Ein direktes Unterrichten von Charakter wird also nicht funktionieren, sagt Buber. Und er fügt hinzu, dass auch ein indirektes, verstohlenes oder listiges, in der informellen Begegnung verstecktes Belehren nicht gelingen wird. „Erziehung verträgt keine Politik", ist seine These. Wer mit der offenen oder versteckten Agenda an den Menschen herantritt, ihn erziehen zu wollen, wird scheitern. Gerade die, „die am ehesten in sich das Zeug zu einem selbständigen Charakter haben, sie wollen sich nicht erziehen lassen." Was ist denn zu tun?

Bubers Grundthese lautet: „Auf die Ganzheit des Zöglings wirkt nur die Ganzheit des Erziehers" und er fährt erklärend fort:[85]

„Der Erzieher [...] muss ein ganzer, lebendiger Mensch sein, der sich seinen Mitmenschen unmittelbar mitteilt: seine Lebendigkeit strahlt auf sie aus und beeinflusst sie gerade dann am stärksten und reinsten, wenn er gar nicht daran denkt, sie beeinflussen zu wollen."

Im Klartext: Charakterbildung geschieht nicht durch beabsichtigte Bildungs- und Erziehungsaktivitäten – seien diese formal oder informell –,

Charakterbildung geschieht vielmehr durch die Präsenz der erziehenden Person in der Begegnung mit dem Gegenüber. „Pädagogisch fruchtbar", so Buber im Hinblick auf die Charakterbildung, „ist nicht die pädagogische Absicht, sondern die pädagogische Begegnung".[86]

Erziehende haben sich deshalb dreierlei bewusst zu sein:[87]

- *Demut*, das heißt die Einsicht, nur eine von vielen Kräften zu sein, die im Leben eines Menschen wirksam werden.
- *Verantwortung*, das heißt die Einsicht, in der Begegnung mit dem Schüler tatsächlich die auf ihn einwirkende Realität zu sein, und deshalb diese Begegnung auch verantwortungsvoll zu gestalten.
- *Vertrauen*, das heißt die Einsicht, dass es für den Erziehenden nur einen Zugang zum Schüler gibt, nämlich „dessen *Vertrauen*".

Nun ist das aber mit dem Gewinnen von Vertrauen so eine Sache. Buber formuliert so:

> „Vertrauen aber erwirbt man selbstverständlich nicht, indem man sich abmüht, es zu erwerben, sondern indem man an dem Leben der Menschen, mit denen man umgeht, hier

> also: am Leben der Zöglinge, unmittelbar und unbefangen teilnimmt und die Verantwortung, die sich daraus ergibt, auf sich nimmt."

Das wird für Buber konkret, indem der Lehrende dem Lernenden so begegnet, dass dieser wahrnimmt,

> „dass dieser Mensch nicht ein Geschäft an ihm treibt, sondern an seinem Leben teilnimmt; dass dieser Mensch ihn bestätigt, ehe er ihn beeinflussen will."

Wenn der Schüler so Vertrauen fasst, „so lernt er *fragen*",[88] und zwar nicht nur Sachfragen, sondern existentielle Fragen. Nun hat der Lehrer zu antworten – und zwar ebenfalls nicht einfach auf der Sachebene, sondern in ganzer Präsenz am Leben des Schülers teilnehmend. So kommt das Gespräch auf eine Ich-Du-Ebene, es kommt zu „echter Begegnung", und so wird Charakter geformt.

In der Folge setzt sich Buber mit der damaligen Diskussion um die Frage, was denn Charakter sei, auseinander. In dieser Diskussion wird deutlich, dass Charakterbildung einen außerhalb des Menschen liegenden Orientierungspunkt des guten, richtigen und verantwortlichen Lebens braucht.

Buber stellt fest, dass in der Gesellschaft das Vertrauen in übergeordnete, ewige Werte verloren gegangen ist. Solche Werte, so Buber, können auch nicht durch Argumente irgendwelcher Art bewiesen werden.[89] Buber verwirft aber auch den Vorschlag mancher Pädagogen, das Ziel der Charakterbildung durch relative und subjektive Maximen zu definieren. So redet Buber denn von einer „Ohnmacht der modernen Pädagogik", da ihr die Orientierung der Charakterbildung abhandengekommen sei, ja, Buber sieht darin geradezu eine „Erkrankung des Menschen".[90]

Die Antwort von Buber ist nun wieder in seinem hebräischen Humanismus verwurzelt – Charakterformation erfolgt im Schnittfeld von Weltbezogenheit und Gottbezogenheit. Wie bereits einleitend zu diesem Kapitel gesagt, geht es zum einen darum, dass der Mensch „Verantwortung für Leben und Welt" übernimmt und dass er bereit ist, „das Leben wieder auf die eigenen Schultern zu nehmen". Jenseits von Individualismus (jeder schaut nur auf sich) und dem Kollektivismus (mitlaufen in der Masse) soll er zu einer freien, aber verantwortlichen Person reifen.

Zum anderen ist es die Aufgabe der Erziehenden, in den ihnen anvertrauten Menschen das Verlangen zu entzünden, „die ewigen Werte wieder zu schauen, die Sprache der ewigen Norm wieder zu hören".[91] Das aber heißt, dass es die Aufgabe von Erziehung und Bildung ist, Menschen „vor das Angesicht Gottes zu stellen".[92]

Mit diesem Satz schließt Buber seinen Vortrag über Charakterbildung – und wir sind an den Text „Der Weg des Menschen" erinnert. Dieser Weg beginnt – so Buber – damit, dass sich der Mensch in seinem Herzen von der Anrede Gottes ansprechen lässt und auf diese Anrede antwortet.

Buber stellt uns die herausfordernde Frage, was denn das Ziel unserer Erziehungs-, Bildungs- und Ausbildungsarbeit sei? Und wir hören von ihm: Vermitteln von Wissen und Können reicht nicht. Bildung, die diesen Namen verdient, ist Charakterbildung – Kultivierung des ganzen Menschen in seiner Beziehung zum Schöpfer und zur Schöpfung.

10.

EINANDER WIRKLICH BEGEGNEN

Die Tatsache, dass Menschen zusammenleben und in Beziehung zueinander stehen, ist eine Binsenwahrheit. Man spricht dann von der sozialen Dimension des Lebens. Wenn Martin Buber von „Ich und Du", von Beziehung und Begegnung spricht, so meint er aber noch etwas anderes als die selbstverständliche Wirklichkeit sozialer Interaktion. Dieses „Andere" bezeichnet er als das „Zwischenmenschliche". In seinem Essay „Elemente des Zwischenmenschlichen" entfaltet er den fundamentalen Unterschied zwischen dem „Sozialen" und dem „Zwischenmenschlichen".[93] Buber sagt, dass ihm selber die Wahrnehmung dieses Unterschiedes im Laufe von 50 Jahren Beobachtung und Reflexion erst nach und nach bewusst und klar geworden sei.

Worum geht es? Buber definiert „das Soziale" so:[94]

> „Von sozialen Phänomenen dürfen wir überall da sprechen, wo das Miteinandersein einer Vielheit von Menschen, ihre Verbundenheit miteinander gemeinsame Erfahrungen und Reaktionen zur Folge hat. Diese Verbundenheit aber bedeutet nur, dass all die einzelnen Existenzen in einer gruppenhaften beschlossen und umfangen sind; sie bedeutet nicht, dass zwischen einem und dem anderen innerhalb der Gruppe eine irgend personhafte Beziehung bestehe."

„Das Soziale" ist demnach eine kollektive Erfahrung, die einer Vielzahl von Menschen eine gemeinsame Erfahrung und Interaktion ermöglicht, ohne dass es dabei zu „personhaften Beziehungen" zwischen Einzelnen kommen muss. Buber meint sogar zu beobachten, dass das Kollektive so stark sein kann, dass es personhaften Beziehungen eher hinderlich ist:[95]

> „Wo dieses [das Soziale] ausschließlich oder doch überwiegend waltet, fühlt sich der Mensch von der Kollektivität getragen, die ihn der Einsamkeit, der Weltangst, der Verlorenheit enthebt, und in dieser für den

> modernen Menschen wesentlichen Funktion scheint das Zwischenmenschliche, das Leben zwischen Person und Person, mehr und mehr gegen das Kollektive zurückzutreten."

Das, was nach Buber das Zwischenmenschliche ausmacht, ist das „Nicht-Objekt-Sein" des Anderen. Der/die Andere ist dann nicht passiver Gegenstand, an dem ich handle, zum Beispiel durch mein Reden. Das wäre eben wieder eine Ich-Es-Beziehung. Das, was Buber das Zwischenmenschliche nennt, wird jedoch in Ich-Du-Beziehungen verwirklicht, in einer Begegnung von Subjekt und Subjekt. Solche Ich-Du-Beziehungen sind wesensmäßig dialogisch. Was das konkret bedeutet, entfaltet Buber in drei weiteren Kapiteln von „Elemente des Zwischenmenschlichen".

Als *Erstes* thematisiert er den Unterschied zwischen „Sein und Scheinen". Darin sieht er die „eigentliche Problematik im Bereich des Zwischenmenschlichen". Um das Problem deutlich zu machen, unterscheidet er „zwischen zwei Arten menschlichen Daseins", die er wie folgt skizziert:[96]

> „Die eine mag als Leben vom Wesen aus, Leben bestimmt von dem, was einer ist,

die andre als Leben vom Bild aus, Leben bestimmt von dem, wie einer erscheinen will, bezeichnet werden."

Buber stellt demnach fest, dass wir uns mit unserem Wesen in eine Beziehung einbringen können. Wenn das Gegenüber uns erfährt, erfährt es also, wer wir *sind*. Demgegenüber können wir ein Bild von uns in eine Beziehung einbringen – etwa das Bild, das wir gerne hätten, dass es der/die Andere von uns wahrnimmt. Das Gegenüber, das uns wahrnimmt, begegnet also nicht unserem wahren Wesen, sondern lediglich dem Bild, das wir von uns abgeben. Wenn beide so in die Begegnung hineingehen, begegnen sich dann nicht „Sein" und „Sein", sondern „Schein" und „Schein". Es ist Buber sicher zuzustimmen, wenn er sagt, dass die Tiefe zwischenmenschlicher Begegnung wesentlich davon abhängt, wie viel Menschen von ihrem Sein offenbaren, das heißt das „Scheinen-wollen" zurücknehmen. Buber versucht diese These mit einer witzigen Szene zu veranschaulichen:[97]

„Stellen wir uns nun zwei Bildmenschen vor, die beieinander sitzen und miteinander reden – nennen wir sie Peter und Paul –, und zählen wir die Figuren nach, die dabei im Spiel sind. Da sind erst mal der Peter, wie er

> dem Paul erscheinen will, und der Paul, wie er dem Peter erscheinen will; sodann, der Peter, wie er dem Paul wirklich erscheint, Pauls Bild von Peter also, das gemeiniglich keineswegs mit dem von Peter gewünschten übereinstimmen wird, und vice versa; dazu noch Peter, wie er sich selbst, und Paul, wie er sich selbst erscheint; zu guter Letzt der leibliche Peter und der leibliche Paul. Zwei lebende Wesen und sechs gespenstige Scheingestalten, die sich in das Gespräch der beiden mannigfaltig mischen! Wo bliebe da noch Raum für die Echtheit des Zwischenmenschlichen!"

Damit echte Begegnung möglich wird, so Buber, ist es erforderlich, „dass Menschen sich einander mitteilen als das, was sie sind". Dabei geht es keineswegs darum, dem anderen alles zu sagen, oder sich gar gehen zu lassen, es geht vielmehr darum, dass ich dem Menschen, dem ich mich mitteile, Anteil an meinem Sein gebe. Auf diese „Authentizität des Zwischenmenschlichen" kommt es für Buber an, ja, er sieht die Krise des Menschen gerade darin, dass uns diese Authentizität abhandengekommen ist.

Doch wie kann die Krise überwunden werden?

Eine Antwort versucht Buber in einem *zweiten* Schritt unter dem Titel „Die personale Vergegenwärtigung“ zu geben. Er beginnt damit, dass er den Missstand zuerst noch einmal beschreibt:[98]

> „Das weitaus meiste von allem, was sich heute unter Menschen Gespräch nennt, wäre richtiger, in einem genauen Sinn, als Gerede zu bezeichnen. Im allgemeinen sprechen die Leute nicht wirklich zueinander, sondern jeder ist zwar dem anderen zugewandt, redet aber in Wahrheit zu einer fiktiven Instanz, deren Dasein sich darin erschöpft, ihn anzuhören.“

Wie es in einem Gespräch zu einer wirklichen Begegnung von zwei Menschen kommen kann – einer Ich-Du-Begegnung –, beschreibt Buber dann so:[99]

> „Die Hauptvoraussetzung zur Entstehung eines echten Gesprächs ist, dass jeder seinen Partner als diesen, als eben diesen Menschen meint. Ich werde seiner inne, werde dessen inne, dass er anders, wesenhaft anders ist als ich, in dieser bestimmten ihm eigentümlichen einmaligen Weise wesenhaft anders als ich, und ich nehme den Menschen an, den ich wahrgenommen habe, so dass ich mein Wort in allem Ernst an ihn, eben an ihn, richten kann.“

Im Zentrum einer solchen Begegnung steht das, was Buber das „Innewerden“ oder eine „personhafte Begegnung“ nennt. Wenn ich Buber richtig verstehe, geht es ihm darum, dass wir unser Gegenüber nicht nur distanziert analytisch betrachten und beurteilen. Dazu gehört, dass wir den Mitmenschen in seiner Ganzheit ernst nehmen und nicht nur auf etwas *von* oder *an* ihm reduzieren, sei es die äußere Erscheinung, das Alter oder den Beruf. Schließlich müssen wir darauf verzichten, Menschen in einfache Kategorien und Schubladen einzuteilen und zu meinen, sie dann begriffen zu haben.[100] „Innewerden“ heißt, dass wir für das Gegenüber in seiner komplexen Ganzheit offen sind, ohne es durch vorschnelles Verstehen- und Erklärenwollen beherrschen zu wollen.

An dieser Stelle zieht Buber eine erste Zwischenbilanz: Zwei Momente stehen einem echten Begegnen im Wege: der „sich eindrängende Schein“ und „die Unzulänglichkeit der Wahrnehmung“.[101] In anderen Worten: Wir tendieren dazu, dem Anderen gegenüber nicht unser wahres Sein zu offenbaren, sondern lediglich ein Bild von uns – das Bild, das zeigt, wie wir gerne gesehen werden möchten. Und wir sind nicht bereit, uns auf den Anderen in seiner Ganzheit offen einzulassen. Unsere Wahrnehmung ist durch Vorverständnisse und Vorurteile getrübt.

Diesen beiden Hindernissen fügt Buber nun ein *Drittes* hinzu, das er für noch offenkundiger und kritischer hält als die ersten beiden. Er gebraucht dafür die beiden Worte „Auferlegung“ und „Erschließung“. Was meint er damit?

Mit diesen beiden Begriffen benennt Buber zwei Weisen, wie wir versuchen, auf andere Menschen einzuwirken. Er definiert diese beiden Weisen so:[102]

> „In der ersten will einer sich, seine Meinung und Haltung, dem anderen so auferlegen, dass der wähne, das seelische Ergebnis der Aktion sei seine, durch jene Beeinflussung nur eben entbundene Einsicht. In der zweiten Grundweise der Einwirkung will einer das, was er in sich selber als Recht erkannt hat, auch in der Seele des anderen, als darin angelegt, finden und fördern.“

Buber verbindet die erste Weise mit dem Begriff „Belehrung“, die zweite mit demjenigen der „Begegnung“. Später nennt er die erste „Propaganda“, die zweite „Erziehung“.

Propaganda, so Buber, ist nicht wirklich am einzelnen Menschen in seiner Ganzheit und Einmaligkeit interessiert, sondern lediglich an der Durchsetzung der eigenen Ideen und Interessen im Kollektiv. Propaganda setzt unter Druck und verbindet sich gerne mit Zwang.

Erziehung hingegen, so wie sie Buber definiert, hat die „einmalige, einzige Person“ im Blick. Sie sieht jeden Menschen als „Träger eines besonderen, durch sie und durch sie alleine erfüllbaren Seins-Auftrags“. Es geht in der Erziehung darum, diese individuelle Bestimmung im Menschen zu erschließen und zu entfalten.

Buber fasst das bisher Gesagte unter dem Titel „Das echte Gespräch“ zusammen. Im bisher Gesagten und in dieser Schlusszusammenfassung Bubers lassen sich etwa folgende Elemente für eine gelingende zwischenmenschliche Begegnung erkennen:[103]

- „Im echten Gespräch geschieht die Hinwendung zum Partner in aller Wahrheit.“ Das bedeutet ungeteilte Präsenz in diesem Moment.
- Dazu gehört im Weiteren, dass ich den Anderen annehme und zu ihm als Person Ja sage, selbst, wenn ich nicht alles billigen kann, was er denkt und sagt.

- Für ein echtes Gespräch ist es überdies erforderlich, dass sich die Gesprächspartner „selber einbringen“, das heißt offen und aus der Tiefe ihres Seins sagen, was gesagt sein muss.
- Das bedeutet auch, dass der „Schein“, das heißt die Selbstdarstellung des Menschen in einer Weise, die nicht mit seinem Wesen übereinstimmt, überwunden werden muss. Nur in dem Maß, wie das Sein des Menschen authentisch offenbart wird, ist echte Begegnung möglich.
- Dann geht es darum, dass wir das Gegenüber nicht als Sachgegenstand analysieren, reduzieren und kategorisieren, sondern ihm in aller Offenheit „innewerden“.
- Schließlich gilt es, von Belehrung und Propaganda, die lediglich einem anderen die eigene Meinung „auferlegen“ wollen, Abschied zu nehmen und dafür dem anderen den Weg zur Entfaltung der eigenen Bestimmung zu erschließen.

Die Frucht eines in dieser Weise gelungenen, echten Gesprächs besteht darin, dass über den

Gedankenaustausch hinaus sonst Unerschlossenes erschlossen wird.

Martin Bubers Gedanken zur zwischenmenschlichen Kommunikation geben zeitlos hilfreiche Impulse, die eigene Interaktion mit anderen Menschen zu reflektieren.

11.

DIE KUNST DES FRAGENSTELLENS UND ANTWORTENS

Wir haben eben gesehen: Es ist nicht selbstverständlich, dass es in zwischenmenschlichen Begegnungen zu „echten Gesprächen" kommt – oder umgekehrt, dass es bei Gesprächen zu echten zwischenmenschlichen Begegnungen kommt. Buber erzählt an einer Stelle eindrücklich, wie er selber 1924 bei einer Bildungsveranstaltung an der Volkshochschule in Jena diesbezüglich kläglich versagt hatte.[104] Nach einem Vortrag Bubers über Gott und Glaube outete sich in der nachfolgenden Aussprache ein einfacher jüdischer Arbeiter als Atheist, der gelernt habe, ohne die „Hypothese Gott" auszukommen. Was dann geschah, erzählt Buber so:

> „Der knappe Spruch des Mannes traf mich; ich fühlte mich tiefer als von den andern angefordert, herausgefordert. Bisher hatten wir zwar sehr ernst, aber auf eine etwas lockere Weise verhandelt; nun war alles auf einmal streng und hart geworden. Von woher sollte ich dem Mann antworten, damit ihm geantwortet war?"

Buber fühlt sich herausgefordert und erwidert mit einem längeren religionsphilosophischen Rundumschlag. Er schließt seinen Bericht dann mit folgenden Worten:

> „Als ich zu Ende war, waltete in dem nun dämmernden Raum ein hartes Schweigen. Dann erhob der Mann [...] die schweren Lider, die die Zeit über gesenkt geblieben waren, zu mir und sagte langsam und nachdrücklich: ‚Sie haben recht.' Bestürzt saß ich ihm gegenüber. Was hatte ich getan? Ich hatte den Mann an die Schwelle des Gemachs geführt, in dem das majestätische Gebild thront, das der große Physiker, der große Gläubige Pascal den Gott der Philosophen nennt. Habe ich das gewollt? War der, zu dem ich ihn hinführen wollte, nicht der andere, der, den Pascal den Gott Abrahams, Isaaks und Jakobs nennt, der, zu dem man du sagen kann? Es dämmerte, es war spät. Am nächsten Morgen musste

> ich abreisen. Ich konnte nicht, wie ich nun hätte eigentlich tun müssen, dableiben, in die Fabrik eintreten, wo der Mann arbeitete, sein Kamerad werden, mit ihm leben, sein lebensmäßiges Vertrauen gewinnen, ihm helfen, gemeinsam mit mir den Weg der Kreatur zu gehen, die die Schöpfung annimmt. Ich konnte nur noch seinen Blick erwidern."

Buber wurde schmerzlich bewusst, dass er den Mann zwar von oben herab mit Fachwissen an die Wand gespielt hatte, bis dieser kapitulierte, dass er ihn aber eigentlich verloren hatte. Er ging zwar gewissermaßen als Sieger vom Platz, aber er hatte es verpasst, ihn auf einen Lernweg zu und mit Gott zu führen.

Solche Lernwege können nur dann gelingen, wenn sie „unten" beim Menschen in seiner Lebensgeschichte beginnen, und nicht „oben" bei den Theorien des wissenden Lehrers. Dazu müssen Lehrende zuerst einmal Hörende werden – bereit, sich die Lebensgeschichten der Lernenden erzählen zu lassen. Das heißt dann aber auch, dass es gelingen muss, die Lernenden zum Erzählen ihrer Geschichten zu bewegen. Und das wiederum hat wesentlich mit dem Stellen der richtigen Art von

Fragen zu tun. Buber sagt dazu an mehreren Stellen Bemerkenswertes.

In einem 1950 gehaltenen Vortrag zum Thema „Erwachsenenbildung" unterscheidet er drei Arten von Fragen.[105] Als erstes nennt er sogenannte „Examensfragen, durch die festgestellt werden soll, was Schüler wissen". Solche Fragen führen nicht zu einer Ich-Du-Begegnung zwischen Lehrenden und Lernenden. Ebenso wenig vermögen es „sokratische Fragen, die den Schüler dazu bringen sollen, zu erkennen, dass er des wahren Wissens ermangelt", und ihn auf dem Weg des eigenen Entdeckens fordern und fördern. Solchen Fragen kommt zwar ein höherer pädagogischer Wert zu, aber auch sie können keine „wahre Begegnung" (wie im letzten Kapitel beschrieben) herstellen. Dieses Ziel kann nur dann erreicht werden, wenn die Lehrenden

> „ganz echte Fragen stellen, durch deren Beantwortung sie eine Kenntnis erlangen, die ihnen selber noch fehlte, die Kenntnis der Erfahrungen und Meinungen ihrer Schüler. Und sie müssen die Fragen, die an sie gestellt werden, nicht bloß durch sachliche Information erwidern, so wichtig diese auch ist, sondern auch aus der Tiefe ihrer persönlichen Erfahrung. Sie müssen erzählen lassen und

selber erzählen, Gesehenes schildern lassen und selber Gesehenes schildern".

Wir können also im Anschluss an Buber drei Fragetypen unterscheiden:

- In einem ersten Fragetyp geht es um Sachfragen. Die wissende Lehrperson fragt den Lernenden/die Lernende, ob er/sie weiß oder erklären kann. Solche Fragen sind manchmal sinnvoll, sie vermögen jedoch nicht, Lehrende und Lernende in eine Ich-Du-Beziehung zu bringen, die für einen Lernweg im Sinne von Persönlichkeitsentwicklung und Charakterbildung erforderlich ist.
- Dann spricht Buber von der sokratischen Frage. Sie ist nicht lediglich Abfrage von Wissen, sie fördert vielmehr das eigenständige Fragen und Erkunden des Lernenden. Obwohl diese Frageform den Lernenden größere Eigenständigkeit zumutet, bleibt sie, so Buber, top-down: Der wissende Lehrer dirigiert den nicht wissenden Schüler mit klugen Fragen zu dem vom Lehrer schon vorher vorgesehenen Ziel. Im schlimmsten Fall hat diese Methode sogar etwas Manipulatives an sich.

- In der dritten Frageform, die Buber vorschlägt, begibt sich der Lehrer tatsächlich auf die Ich-Du-Ebene mit dem Schüler und eröffnet mit seinen Fragen ein Gespräch, das dem Schüler Gelegenheit gibt, etwas aus seinem Leben zu erzählen. Der Lehrer ist hier nicht der Wissende, sondern der Anteilnehmende.

Immer wieder illustriert Buber solche Gespräche mit ganz konkreten Szenen, wie zum Beispiel diese etwas längere Erzählung:[106]

> „Ein junger Lehrer betritt zum erstenmal selbständig, nicht mehr als ein seine Befähigung ausweisender Seminarist, eine Schulklasse. Sie liegt vor seinem Blick wie ein Bild der Menschenwelt, so vielfältig, so widerspruchsvoll und so unzugänglich."

In dieser neuen und herausfordernden Situation wird dem Lehrer bewusst:

> „Die Jungen da habe ich mir nicht ausgesucht, ich bin hierher gestellt und muss sie annehmen, wie sie sind, – und doch nicht wie sie jetzt, in diesem Augenblick sind, nein, wie sie wirklich sind, wie sie werden können. Aber wie kann ich merken, was in ihnen

steckt, und was kann ich dazu tun, dass es Gestalt annehme?“

Diese Aufgabe erscheint dem Lehrer schwierig. Wie kann er eine Klasse, die lärmt, Unfug treibt und ihn „mit dreister Neugier“ bedrängt, gewinnen? Wie kann es zu „echten Begegnungen“ kommen? Intuitiv ist er versucht, „diesem Störenfried da Einhalt zu gebieten, Ordnungsmaximen anzugeben, Gewohnheiten eines anständigen Benehmens zu erzwingen, nein zu sagen, nein zu all dem, was sich von da unten gegen ihn erhebt.“

Aber dann geschieht etwas. Ein Junge fällt ihm auf und auf diesen konkreten Jungen lässt er sich ein. Er liest auf seinem Gesicht Fragen: „Wer bist du? weißt du etwas, was mich angeht? bringst du mir etwas? was bringst du?“, und er spricht das „Gesicht“ an. Dabei sagt er „nichts Gewichtiges und Bedeutsames, er stellt eine gewöhnliche Anfangsfrage“ und es entwickelt sich ein Gespräch:

„Was habt ihr zuletzt in der Heimatkunde besprochen?

Das Tote Meer?

Nun, was ist das, das Tote Meer?“

Der Lehrer ahnt, dass das Tote Meer für den Jungen mehr bedeutet als eine korrekte „Schülerantwort". Er lässt ihn erzählen und „der Junge *erzählt*":

> „Er war vor ein paar Monaten einige Stunden am Toten Meer, und davon erzählt er. ‚Und das alles kam mir so vor', sagt er noch, ‚als sei es einen Tag vor der übrigen Welt geschaffen worden.' Es ist unverkennbar, dass er sich jetzt eben zum erstenmal entschlossen hat, davon zu reden. Dabei hat sich sein Gesicht verändert; es ist gar nicht mehr so chaotisch wie vorher. Und die Klasse ist still geworden. Alle hören zu. Auch die Klasse ist nun kein Chaos mehr. Etwas ist geschehen."

Was ist geschehen? Der Lehrer hat nicht bei den Äußerlichkeiten von Formalien und Regeln begonnen. Er hat seine Schüler nicht als geschichtslose Objekte behandelt, zu denen man bestenfalls Ich-Es-Beziehungen entwickeln kann. Buber nennt das „von unten anfangen". Im Gegensatz dazu meint er offenbar mit „oben anfangen" die Fokussierung auf den Menschen als Person, als Subjekt, dem auf einer Ich-Du-Ebene begegnet werden kann und soll. Und wieder ist die Art und Weise des Fragens und Antwortens entscheidend.

Doch es ist nicht immer die lehrende bzw. erziehende Person, die Fragen stellt; auch die Lernenden stellen Fragen. Wir sind der Bedeutung dieser Fragerichtung schon beim Thema Charakterbildung begegnet, wo Buber sagt, dass Schüler beginnen, existentielle Fragen zu stellen, wenn sie Vertrauen gewonnen haben.[107]

Buber illustriert das wieder mit der Schilderung einer Szene:[108] Ein Junge tritt zum ersten Mal mit einer persönlichen Frage an den Lehrer heran. Mit etwas „trotziger Miene" und „bebenden Händen", jedoch „von einer kühnen Hoffnung befeuert", fragt er, was in einer bestimmten Situation zu tun sei:

> „[O]b man, wenn man erfährt, dass ein Freund ein Geheimnis, das man ihm anvertraut hatte, verriet, ihn zur Rede stellen oder sich damit begnügen solle, ihm fortan kein Geheimnis mehr anzuvertrauen."

Der Lehrer, so erzählt Buber, „merkt, dass er nun den ersten bewussten Schritt auf dem Weg der Charaktererziehung zu machen hat". Die Antwort des Lehrers hat, so schlägt Buber vor, über die beiden in der Frage genannten Alternativen hinauszuführen, indem sie eine dritte Möglichkeit eröffnet.

> „Diktieren, was im allgemeinen gut und was böse ist, das ist seines Amtes nicht, aber antworten, auf eine konkrete Frage antworten, antworten, was in einer bestimmten Situation richtig und was falsch ist, das ist seines Amtes. Geschehen kann das, wie gesagt, nur in der Atmosphäre des Vertrauens."

Ob es tatsächlich immer richtig ist, in solchen Gesprächen immer zu sagen, „was in einer bestimmten Situation richtig und was falsch ist", mag diskutiert werden und hängt wohl vom Alter des Lernenden ab. Bemerkenswert scheint mir jedoch, wie Buber deutlich macht, dass sich der Lehrer nicht auf unverbindliche Allgemeinheiten und Prinzipien zurückziehen darf, sondern dass er sich engagiert auf den Fragen stellenden Menschen einlassen muss. Der Lehrer ist durch die Frage herausgefordert, mit seinem ganzen Menschsein dem Anderen in dessen Ganzheit zu begegnen.

In der Einleitung zu *Die Erzählungen der Chassidim* bringt es Buber mit folgendem Satz auf den Punkt:[109]

> „Der Schüler fragt, und durch die Art seiner Frage erzeugt er, ohne es zu wissen, im Geist des Lehrers eine Antwort, die ohne diese Frage nicht entstanden wäre."

Und dann gibt es Fragen, die gar nicht gestellt werden, aber eigentlich gestellt werden wollen. Buber erzählt vom Besuch eines jungen Menschen. Im Gespräch war Buber nicht mit seinem ganzen Sein anwesend. Er sagt rückblickend:

„[I]ch unterhielt mich mit ihm aufmerksam und freimütig – und unterließ nur, die Frage zu erraten, die er nicht stellte."[110] Später vernimmt Buber durch eine andere Person, was der Grund des Besuchs des jungen Menschen war und was er eigentlich fragen wollte. Im Rückblick erkennt Buber, dass der junge Mensch „nicht beiläufig, sondern schicksalhaft" zu ihm gekommen war, „nicht um Plauderei, sondern um Entscheidung, gerade zu mir, gerade in dieser Stunde". Und er fährt selbstkritisch fort: „Was erwarten wir, wenn wir verzweifeln und doch noch zu einem Menschen gehen? Wohl, eine Gegenwärtigkeit, durch die uns gesagt wird, dass es ihn dennoch gibt, den Sinn."

Bubers Erfahrung und seine Überlegungen fordern uns heraus, uns zu fragen: Höre ich als Hörender auch die Fragen, die nicht gestellt werden, aber im Herzen des Gegenübers brennen? Bin ich so präsent und „innewerdend", dass ich solche Fragen wahrnehme?

Schließlich muss ich an dieser Stelle noch einmal an die erste Station von „Der Weg des Menschen erinnern". Dort erzählt Buber die rabbinische Geschichte von einem Juden, der von Kritikern immer wieder angegriffen und gedemütigt wurde. Einmal fragt ihn einer zynisch: „Ihr Juden redet doch von einem allwissenden Gott. Warum hat dieser Gott denn schon am Anfang der biblischen Erzählung Adam gefragt: ‚Wo bist du?'. So allwissend ist dieser Gott wohl gar nicht." Der jüdische Rabbi geht auf die Provokation gar nicht ein und antwortet:

> „Nun wohl, in jeder Zeit fragt Gott jeden Menschen: ‚Wo bist du in deiner Welt? So viele Jahre und Tage von den dir zugemessenen sind vergangen, wie weit bist du derweilen in deiner Welt gekommen?' So spricht Gott auch zu dir: ‚Sechsundvierzig Jahre hast du gelebt, wo bist du hingekommen?'"

Buber kommentiert diese Szene dann so:

> „Wenn Gott so fragt, will er von Menschen nicht etwas erfahren, was er noch nicht weiß, er will im Menschen etwas bewirken, was eben nur durch eine solche Frage bewirkt wird, vorausgesetzt, dass sie den Menschen

ins Herz trifft, dass der Mensch sich von ihr ins Herz treffen lässt."

Es geht hier also gar nicht darum, dass der Fragende für sich eine Antwort erhält, sondern vielmehr, dass der Gefragte beginnt, sich tiefer mit seinem Leben zu befassen. Ja noch mehr: Es geht hier darum, dass Gott den Menschen fragt, und dass der Mensch herausgefordert ist, sich von dieser Anfrage in seinem Herzen betreffen zu lassen. In diesem Sinn kann Buber dann wohl seinen Vortrag über Charakterbildung mit dem Gedanken schließen, dass es die Aufgabe des Lehrers sei, den Menschen „wieder vor das Angesicht Gottes zu stellen".

Ich versuche festzuhalten: Auf dem Weg zu „zwischenmenschlichen" Begegnungen auf der Ich-Du-Ebene geht es darum, auf die Ebene „echter Gespräche" zu gelangen. Dabei spielt es eine wesentliche Rolle, dass wir lernen, so zu fragen, uns fragen zu lassen und zu antworten, dass wir nicht in Formalitäten und Sachthemen stecken bleiben, sondern zu existenziellen Begegnungen durchdringen. Es gibt offensichtlich Fragen und Antworten, die halten das Gespräch auf einer Ich-Es-Ebene, und es gibt laut Buber Fragen und Antworten, die uns in „wahre Begegnungen“ auf der Ich-Du-Ebene bringen.

Damit komme ich mit meiner Einladung zum Gespräch mit Martin Buber zum Schluss. Tief verwurzelt in der hebräischen Bibel lädt uns Buber ein, Menschen zu werden. Das wird dann gelingen, wenn wir weder weltflüchtig nur ein ewiges Seelenheil suchen, noch gottlos die Welt retten wollen, sondern vielmehr aus der Ich-Du-Beziehung mit dem Schöpfer heraus unsere Verantwortung der Weltgestaltung wahrnehmen. In Kürzestform kann man sagen: Es geht nicht um die Erlösung *vom* Menschsein, sondern um die Befreiung *zum* Menschsein.

Dieses Anliegen der Menschwerdung kommt auch in einem Gebet (Liedtext) von Kurt Rommel zum Ausdruck, das ich hier an den Schluss stellen möchte:

Lass uns in deinem Namen, Herr,
die nötigen Schritte tun.
Gib uns den Mut, voll Glauben, Herr,
heute und morgen zu handeln.

Lass uns in deinem Namen, Herr,
die nötigen Schritte tun.
Gib uns den Mut, voll Liebe, Herr,
heute die Wahrheit zu leben.

Lass uns in deinem Namen, Herr,
die nötigen Schritte tun.
Gib uns den Mut, voll Hoffnung, Herr,
heute von vorn zu beginnen.

Lass uns in deinem Namen, Herr,
die nötigen Schritte tun.
Gib uns den Mut, voll Glauben, Herr,
mit dir zu Menschen zu werden.

ANMERKUNGEN

1 Zur Bedeutung der „Krise“ für die Erwachsenenbildung bei Martin Buber: Martha Friedenthal-Haase, „Krise und Bewährung – Martin Buber zu Grundlagen der Bildung im Erwachsenenalter.“ Universität Oldenburg: Oldenburger Universitätsreden Nr. 44 (1991).

2 Martin Buber. *Das dialogische Prinzip*. Gütersloh: Gütersloher Verlagshaus (2012).

3 Martin Buber. *Reden über Erziehung*. Gütersloh: Gütersloher Verlagshaus (2005).

4 Martin Buber. „Der Weg des Menschen“, in *Neue Wege 42/7–8* (1948), S. 315–331. Online im Internet: http://doi.org/10.5169/seals-139108, besucht am 12.2.2019.

5 „Elemente des Zwischenmenschlichen“, in *Merkur 8/72* (1954), S. 112–127. Später in Buber, *Das dialogische Prinzip*, S. 269–298.

6 Insgesamt 21 Bände, herausgegeben von Paul Mendes-Flohr und Peter Schäfer. Gütersloh: Gütersloher Verlagshaus (2001–2019).

7 Köln: Melzer Verlag (1961).

8 Göttingen: Vandenhoeck & Ruprecht (1966).

9 Gütersloh: Gütersloher Verlagshaus (2017).

10 Neukirchen: Neukirchener Verlag (2003).

11 Paderborn: Schöningh (2005).

12 Karl-Josef Kuschel. *Martin Buber – seine Herausforderung an das Christentum*. Gütersloh: Gütersloher Verlagshaus (2015).

13 Zur Lebensgeschichte von Buber beziehe ich mich vor allem auf folgende Quellen:

(1) Hans Kohn, *Martin Buber. Sein Werk und seine Zeit*. Köln: Melzer Verlag (1961).

(2) Das Nachwort von Michael Brocke in Buber, *Die Erzählungen der Chassidim*. Zürich: Manesse Verlag (1949/2014), S. 743–760.

(3) Birgit Ventur, *Martin Bubers pädagogisches Denken und Handeln*.

(4) Das Nachwort von Martin Buber zu Martin Buber, *Das dialogische Prinzip*. Gütersloh: Gütersloher Verlagshaus (2012), S. 299–320.

(5) Das Vorwort von Martin Buber in Martin Buber, *Reden über Erziehung*. Gütersloh: Gütersloher Verlagshaus (2005), S. 7–10.

(6) Gerhard Wehr, „Martin Buber – Von der Mystik zur Dialogik". Online im Internet: https://www.martin-buber.com/seite/vita/, besucht am 20.2.2019.

(7) Wolfgang Pauly, „Martin Buber – Philosoph des Dialogs". Online im Internet: https://www.nostra-aetate.uni-bonn.de/theologie-des-dialogs/begegnungen/martin-buber-philosoph-des-dialogs/pdf-martin-buber-philosoph-des-dialogs, besucht am 18.2.2019.

14 Martin Buber, *Werke. Erster Band: Schriften zur Philosophie*. München: Kösel Verlag (1962), S. 1114.

15 Kuschel, *Martin Buber – seine Herausforderung an das Christentum*, S. 31.

16 Martin Buber, *Die Erzählungen der Chassidim*. Zürich: Manesse Verlag (2014).

17 Dazu das Kapitel „Die Entdeckung: ‚Urjüdisches' bei den Chassidim" in Kuschel, *Martin Buber – seine Herausforderung an das Christentum*, S. 66–72.

18 Im Nachwort zu Martin Buber *Gog und Magog*. Heidelberg: Verlag Lambert Schneider (1949), S. 406.

19 Wolfgang Pauly, „Martin Buber – Philosoph des Dialogs". Online im Internet: https://www.nostra-aetate.uni-bonn.de/theologie-des-dialogs/begegnungen/martin-buber-philosoph-des-dialogs/pdf-martin-buber-philosoph-des-dialogs, besucht am 18.2.2019.

20 Dieser Lebenslauf orientiert sich hauptsächlich an den Angaben der Martin Buber-Gesellschaft, online im Internet: https://buber-gesellschaft.eu/martin-buber, besucht am 25.2.2019. Ergänzend habe ich die Publikationen hinzugefügt, die in den folgenden Texten erwähnt werden.

21 Rabbi Shmuel Avidor Hacohen. *Ratlos war der Rabbi nie. Chassidischer Humor*. Gütersloh: Gütersloher Verlagshaus Gerd Mohn (1981), S. 29.

22 Die gleichwohl nicht ohne exegetischen Rückhalt ist, so etwa bei Hans Walter Wolff, der ausdrücklich darauf hinweist, dass es sich hier um eine *Anrede* des Menschen durch Gott handle. Hans Walter Wolff, *Anthropologie des Alten Testaments*. Gütersloh: Chr. Kaiser/Gütersloher Verlagshaus (1973), S. 234.

23 Das ist das Fazit von Birgit Ventur in ihrer Studie *Martin Bubers pädagogisches Denken und Handeln*, S. 199–208.

24 Dazu ausführlich Kuschel, *Martin Buber – seine Herausforderung an das Christentum*, S. 98–103.

25 Buber, *Werke. Erster Band: Schriften zur Philosophie*, S. 1114.

26 Buber, *Reden über Erziehung*, S. 51–63.

27 Ebd., S. 55.

28 Ebd., S. 59–60.

29 Ebd., S. 62.

30 Ebd., S. 65–90.

31 Ebd., S. 84.

32 Ebd., S. 86.

33 Dazu Martin Buber, „Zwiesprache", in: *Das dialogische Prinzip*. Gütersloh: Gütersloher Verlagshaus (2012), S. 161–163.

34 Buber, *Das dialogische Prinzip*, S. 160.

35 Ebd., S. 150–153.

36 Buber, *Reden über Erziehung*, S. 28–29.

37 Ebd., S. 29.

38 Zusammenfassend in: Michael Volkmann, „Martin Bubers hebräischer Humanismus", in: Friedenthal-Haase/Koerrenz, *Martin Buber: Bildung, Menschenbild und hebräischer Humanismus*, S. 184–185.

39 Zur kollektiven Bedeutung von *adam* in Genesis 1,26 auch Wolff, *Anthropologie des Alten Testaments*, S. 236–237.

40 Dazu Teil 3 und dann auch der Schlussabschnitt des Nachwortes von „Ich und Du", in: Buber, *Das dialogische Prinzip*, S. 76–121 und 133–136.

41 „Ich und Du“, in: Buber, *Das dialogische Prinzip*, S. 5–136.

42 Einblicke in dieses persönliche Ringen gibt Buber im Nachwort zu *Das dialogische Prinzip*, S. 306–319.

43 Buber, *Das dialogische Prinzip*, S. 22.

44 Ebd., S. 15.

45 Ebd., S. 32.

46 Ebd., S. 8.

47 Ebd., S. 12.

48 Ebd., S. 135–136.

49 Zürich: Manesse Verlag (1953).

50 Hugo Bergmann, „Gottesfinsternis“, in: *Neue Wege 47/9* (1953), S. 345.

51 Martin Buber, „Zwischen Religion und Philosophie“, in: *Der neue Weg 47/11–12* (1953), S. 436–439.

52 Buber, „Zwischen Religion und Philosophie“, S. 436.

53 Ebd., S. 437.

54 Buber, *Gog und Magog*, S. 151.

55 Die Herausforderung von Bubers Gedanken für den christlichen Glauben ist umfangreich dargestellt in: Kuschel, *Martin Buber – seine Herausforderung an das Christentum*. Zu Bubers Schrift *Zwei Glaubensweisen* vor allem S. 233–278.

56 Martin Buber, *Zwei Glaubensweisen*. Zürich: Manesse Verlag (1950).

57 Ebd., S. 5, 7–8.

58 Buber, *Reden über Erziehung*, S. 73–79.

59 Helmut Thielicke, *Auf dem Weg zur Kanzel*. Stuttgart: Quell Verlag (1983), S. 32.

60 Buber, *Zwei Glaubensweisen*, S. 15, auch S. 98–100 in Bezug auf die Theologie des Apostels Paulus.

61 Martin Buber, „Die Lehre und die Tat", in: Martin Buber, *Schriften zu Jugend, Erziehung und Bildung, MBW 8*. Gütersloh: Gütersloher Verlagshaus (2005), S. 259–260. Vortrag gehalten 1934 im Jüdischen Lehrhaus Frankfurt.

62 *Chochma*, hebr. „Weisheit".

63 *Sophia*, griech. „Weisheit".

64 Publiziert in der Zeitschrift *Neue Wege 42/7–8* (1948), S. 315–331. Online: http://doi.org/10.5169/seals-139108, besucht am 12.2.2019.

65 Martin Buber, „Über das Erzieherische", in: Buber, *Reden über Erziehung*, S. 11–49. Zum Verständnis dieses Vortrags in seinem Kontext hat mir Birgit Venturs Diskussion wesentliche Impulse gegeben (Ventur, *Martin Bubers pädagogisches Denken und Handeln*, S. 49–67).

66 M. Morgenthaler, „Die 3. Internationale Pädagogische Konferenz", in: *Die Friedens-Warte* Vol. 25, No. 10 (Oktober 1925), S. 299–301.

67 Morgenthaler, Pädagogische Konferenz, S. 300.

68 So lautet der Titel im Bericht von Morgenthaler. Laut Ventur lautete der Titel „Erziehung und Freiheit" (*Martin Bubers pädagogisches Denken und Handeln*, S. 55). In der späteren Veröffentlichung von Buber heißt es dann „Über das Erzieherische".

69 Buber, *Reden über Erziehung*, S.11.

70 Ebd., S. 15.

71 Ebd., S. 15–16.

72 Ebd., S. 20.

73 Ebd., S. 19.

74 Ebd., S. 20.

75 Ebd., S. 26–29.

76 Ebd., S. 48.

77 Ebd., S. 29.

78 So der Schlusssatz eines anderen Vortrags in *Reden über Erziehung*, S. 90.

79 Buber, *Reden über Erziehung*, S. 65–90. Vgl. zur Interpretation dieses Vortrags von Buber auch Ventur, *Martin Bubers pädagogisches Denken und Handeln*, S. 169–175.

80 Buber, *Reden über Erziehung*, S. 86.

81 Ebd., S. 87.

82 Ebd., S. 88–89.

83 Ebd., S. 62–63.

84 Ebd., S. 67.

85 Ebd., S. 68

86 Ebd., S. 71.

87 Ebd., S. 69–70.

88 Ebd., S. 70.

89 Ebd., S. 73–79.

90 Ebd., S. 80–81.

91 Ebd., S. 89.

92 Ebd., S. 90.

93 „Elemente des Zwischenmenschlichen“, in: *Merkur 8/72* (1954), S. 112–127. Später in: Buber, *Das dialogische Prinzip*, S. 269–298.

94 Buber, *Das dialogische Prinzip*, S. 271–272.

95 Ebd., S. 272.

96 Ebd., S. 277.

97 Ebd., S. 279.

98 Ebd., S. 282.

99 Ebd., S. 283.

100 Buber spricht von einem analytischen, reduktiven und abgeleiteten Blick auf andere Menschen, der überwunden werden muss, wenn es zu echter Begegnung kommen soll (*Das dialogische Prinzip*, S. 285).

101 Buber, *Das dialogische Prinzip*, S. 287.

102 Ebd., S. 287.

103 Ebd., S. 293–297.

104 Friedenthal-Haase/Koerrenz, *Martin Buber: Bildung, Menschbild und hebräischer Humanismus*, S. 1–5.

105 Martin Buber, „Erwachsenenbildung" in: Friedenthal-Haase/Koerrenz, *Martin Buber: Bildung, Menschenbild und hebräischer Humanismus*, S. 233–252.

106 Buber, *Reden über Erziehung*, 81–82.

107 Ebd., S. 70.

108 Ebd., S. 70–71.

109 Buber, *Die Erzählungen der Chassidim*, S. 23.

110 Buber, *Das dialogische Prinzip*, S. 158.

ZUM AUTOR

Bernhard Ott, Jahrgang 1952, lebt in Liestal/ Schweiz. Er ist verheiratet, Vater von vier erwachsenen Kindern sowie mehrfacher Großvater. Otts sind in einer täuferischen Gemeinde in Basel zuhause.

Bernhard Ott hat Theologie in der Schweiz, in den USA und in England studiert und am *Oxford Centre for Mission Studies* promoviert. Nach vielen Jahren Lehr-und Leitungstätigkeit an verschiedenen theologischen Seminaren sowie Vortrags- und Beratungstätigkeit in über 20 Ländern ist er heute freischaffender Dozent, Referent und Autor.

Außerdem ist er Professor extraordinarius der *University of South Africa*, Professor & Supervisor of Doctoral Research and Dissertations an der *European School of Culture and Theology*/Akademie für Weltmission in Korntal/Stuttgart sowie

Vorsitzender des *European Council for Theological Education.*

Seit mehr als 20 Jahren liegt sein Forschungs- und Lehrschwerpunkt im Bereich der theologischen Bildung. In seiner Dissertation geht es um das Thema „Integrating Mission and Theological Education“. Sein daraus hervorgegangenes *Handbuch Theologische Ausbildung* wird weltweit gelesen.

Energie, Kreativität und Weitblick tankt Bernhard Ott am liebsten auf Bergtouren in den Alpen. Sein Anliegen ist es, Menschen zu fördern, aus der Begegnung mit Gott Tugenden des Reiches Gottes zu entfalten und so zum Aufblühen von Kirche und Gesellschaft beizutragen.

Buchveröffentlichungen u. a.:

- *Handbuch Theologische Ausbildung. Grundlagen – Programmentwicklung – Leitungsfragen.* Wuppertal und Schwarzenfeld: R. Brockhaus und Neufeld (revidierte und erweiterte Neuauflage 2013).
- *Missionarische Gemeinde werden. Der Weg der Evangelischen Täufergemeinden.* Uster: Verlag ETG (1996).
- *Schalom. Das Projekt Gottes.* Weisenheim am Berg: Agape (2. Auflage 2007).
- *Tänzer und Stolperer – Wenn die Bergpredigt unseren Charakter formt.* Cuxhaven: Neufeld (2. Auflage 2021).
- *Wurzeln und Flügel. Schritte zum Wachstum.* Birsfelden: arteMedia (2004).

Festschrift zum 65. Geburtstag von Bernhard Ott:

- Lukas Amstutz/Hanspeter Jecker (Herausgeber), *Fit für die Welt!? Beiträge zu einer friedenskirchlichen Theologie und Gemeindepraxis.* Schwarzenfeld: Neufeld (2017).

Mehr von Bernhard Ott

Tänzer und Stolperer
Wenn die Bergpredigt unseren Charakter formt

Neufeld Verlag, 2. Auflage 2021
ISBN 978-3-86256-156-8

Ausgehend von der Bergpredigt und im Gespräch mit Dietrich Bonhoeffer und Martin Buber fragt Bernhard Ott in diesem Buch nach den Werten und Tugenden des Reiches Gottes und wie diese in unserem Leben Gestalt gewinnen können.

„*Tänzer und Stolperer* ist ein großartiges Buch! Tanzen zur Musik des Himmels – ein starkes Bild und ein geniales Leitmotiv für das ganze Buch! Bernhard Ott vereinigt mit wunderbarer Leichtigkeit diesen roten Faden durch die Bibel mit einem tiefgründigen Blick in die Bergpredigt und einer absolut praktischen Charakterschule. Unbedingt lesenswert für alle, die sich selbst noch nicht aufs Abstellgleis geschoben haben."

Dr. Christoph Schrodt, Dozent an der Internationalen Hochschule Liebenzell

Mehr aus dem Neufeld Verlag

Markus Baum, *Eberhard Arnold – Ein Leben im Geist der Bergpredigt.* ISBN 978-3-86256-035-6, 2013

Markus Baum, *Jochen Klepper.* Biografie. ISBN 978-3-86256-014-1, 3. Auflage 2021

Timothy J. Geddert, *Das immer wieder Neue Testament.* ISBN 978-3-86256-161-2, 2021

Frieder Boller, *Selbstführung in stürmischen Zeiten – Wie wir krisenfester und konfliktfähiger werden.* ISBN 978-3-86256-159-9, 2. Auflage 2020

Friedemann Büttel, *Mehr! Warum es sich lohnt, Jesus zu folgen.* ISBN 978-3-86256-158-2, 2020

Tobias Faix, *Würde Jesus bei IKEA einkaufen? Herausforderungen zur ganzheitlichen Nachfolge.* ISBN 978-3-937896-61-8, 4. Auflage 2013

Timothy J. Geddert, *Verantwortlich leben – Wenn Christen sich entscheiden müssen.* ISBN 978-3-937896-49-6, 5. Auflage 2019

Adam Hamilton, *Gegen die Angst – 31 Lektionen der Hoffnung für unsichere Zeiten.* ISBN 978-3-86256-163-6, 3. Auflage 2021

John Paul Lederach, *Vom Konflikt zur Versöhnung. Kühn träumen – pragmatisch handeln.* ISBN 978-3-86256-068-4, 2016

Ulrich Müller, *Heimat finden – Impulse aus dem Buch Rut.* ISBN 978-3-86256-086-8, 2018

Stuart Murray, *Nackter Glaube – Christsein in einer nachchristlichen Welt.* ISBN 978-3-86256-046-2, 2. Auflage 2020

Henri J. M. Nouwen, *Adam – Mein Freund ohne Worte.* ISBN 978-3-86256-177-3, 2022

Henri J. M. Nouwen, *Jesus nachfolgen – Nach Hause finden in einem Zeitalter der Angst.* ISBN 978-3-86256-162-9, 2. Auflage 2021

Eugene H. Peterson, *„Nimm und iss …" Die Bibel als Lebensmittel.* ISBN 978-3-86256-045-5, 2014

Daniel Plessing, *Leichter leben ohne Sorgen.* ISBN 978-3-86256-088-2, 2018

Heinrich Christian Rust, *Zuhause in der Schöpfungsgemeinschaft – Dimensionen einer ökologischen Spiritualität.* ISBN 978-3-86256-176-6, 2021

Hanna-Maria Schmalenbach, *Frausein zur Ehre Gottes – In jeder Kultur anders?* ISBN 978-3-86256-168-1, 2021

Hanna Schott, *Von Liebe und Widerstand – Magda & André Trocmé: Der Mut dieses Paares rettete Tausende.* ISBN 978-3-86256-017-2, 4. Auflage 2018

Alfred und Sylvia Sobel, *Stärke fürs Leben entwickeln – So meistern Sie den Alltag mit einem behinderten Kind.* ISBN 978-3-86256-096-7, 2018

Gary L. Thomas, *Die Kraft der unscheinbaren Kleinigkeiten – Vom Abenteuer, Jesus ähnlich zu werden.* ISBN 978-3-86256-028-8, 2012

Dallas Willard, *Jünger leben mittendrin.* Mit Beiträgen von John Ortberg. ISBN 978-3-86256-055-4, 2014

Dallas Willard, *Jünger wird man unterwegs – Jesus-Nachfolge als Lebensstil.* ISBN 978-3-86256-008-0, 6. Auflage 2023

Carolyn E. Yoder, *Heilsam mit traumatischen Erlebnissen umgehen –Wege zu Resilienz, Frieden und Versöhnung.* ISBN 978-3-86256-182-7, 2022

Daniel Zindel, *Gestillt – Nachtgespräche mit David.* ISBN 978-3-86256-051-6, 2014

... und viele weitere ...

Der **NEUFELD VERLAG** ist
ein unabhängiger, inhabergeführter Verlag
mit einem ambitionierten Programm.

Bei Gott sind Sie willkommen! Und zwar so, wie Sie sind.

Uns liegt am Herzen, dass Menschen erfahren:

- Der christliche Glaube ist keine Religion, sondern lebt von Beziehung.
- Es gibt nichts Besseres, als mit Jesus zu leben.
- Es lohnt sich, die Bibel für das eigene Leben zu lesen.
- Die Gemeinschaft mit anderen Christen fordert uns heraus und hilft uns.

Menschen mit Behinderung bereichern uns!

Sie haben etwas zu sagen und zu geben, zum Beispiel:

- Sie erinnern daran, dass jeder Mensch einzigartig ist.
- Sie zeigen uns, dass der Wert eines Menschen nichts mit seiner Leistungsfähigkeit zu tun hat.
- Sie bremsen uns immer wieder aus und halten uns vor Augen, was im Leben wesentlich ist.
- Sie lassen erkennen, dass das Leben erfüllt sein kann – auch wenn es manchmal anders kommt als geplant.

Stellen Sie sich eine Welt vor,
in der jeder willkommen ist!

neufeld-verlag.de